高句麗 佛敎史 硏究

高句麗 佛敎史 硏究

정선여 지음

서경문화사

목차

책머리에
序　論 ··· 1
　1. 연구 목적 ··· 1
　2. 연구 성과 ··· 6
　3. 연구 방법 ··· 12

제 1 장　4·5세기대 高句麗 佛敎의 展開 ·· 16
　1. 王室의 佛敎 受容 ··· 19
　2. 敎學佛敎의 발전 ··· 31

제 2 장　6세기대 佛敎敎團의 정비 ·· 36
　1. 僧官制의 성립 ··· 39
　2. 惠亮과 敎團의 변화 ··· 56
　3. 義淵과 僧官制의 재정비 ··· 64
　4. 義淵의 地論宗 受容 ··· 76

목차

제 3 장 7세기대 佛敎政策의 변화 83
 1. 慧慈의 일본 파견 88
 2. 嬰陽王代 佛敎治國策 101
 3. 道敎의 전래와 佛敎敎團의 통제 109
 4. 淵蓋蘇文의 불교 억압 121
 5. 普德의 百濟 이주 127

結 論 133

참고문헌 ◆ 148
찾아보기 ◆ 159

최근 들어 고구려에 대한 관심이 학문적인 영역을 넘어 사회 전반적으로 매우 뜨겁다. 많은 연구자들이 적극적인 관심을 갖고 연구를 진행한 결과 고구려의 정치, 사회, 문화, 사상 등에 대한 이해가 깊어지게 되었다. 연구를 통해 알 수 있듯이 고구려는 모든 분야에서 선진적 발전의 모습을 보여준 국가였다. 불교 역시 삼국 중 가장 먼저 수용되어 발전하였다. 고구려 불교는 주변 국가들의 불교 발전에 일정한 역할을 하였고, 발해와 통일신라의 불교에도 영향을 주었다. 따라서 한국 불교사에서 고구려 불교가 차지하는 위상은 매우 중요하다고 생각된다.

저자가 '고구려 불교사'에 대한 관심을 갖게 된 것은 우연한 기회를 통해서였다. 사상사를 전공으로 박사학위과정을 시작했지만 여러 가지 부담 때문에 연구주제를 정하지 못하고 방황하고 있을 때였다. 수업 중 '의연'이라는 고구려 승려를 검토할 기회를 갖게 되었다. 처음에는 생소한 고구려 승려를 알아보겠다는 단순한 생각으로 의연에 대해 살펴보기 시작하였다. 그런데 의연을 자세히 알아갈 수록 흥미로운 모습들을 발견할 수 있었다.

의연이 활동했던 시기는 고구려 대내외적으로 중요한 변화가 나타났던 6세기대였다. 의연은 고구려 불교를 한 단계 발전시킨 승려로 평가받고 있기 때문에 그를 통해 당시 고구려 불교계의 중요한 변화를 살펴볼 수 있었다. 한편 불교계의 동향뿐만 아니라 귀족연립정권의 시기적 변화양상과 같은 고구려 정치·사회의 모습까지도 함께 검토해 볼 수 있었기 때문에 의연

들어가며

　　에 관한 연구는 더욱 중요한 의미를 갖게 되었다.
　그런데 기존의 고구려 불교사 연구에서는 의연과 그가 활동했던 6세기대 고구려 불교에 대해서 적극적인 검토가 이루어지지 않았다. 그래서 고구려 불교가 번성하였던 이 시기 불교의 변화를 자세히 검토해보면서 나아가 고구려 불교의 전체적인 전개과정까지도 고찰해보고자 하는 생각을 하게 되었다.
　고구려 불교를 살펴보고자 할 때 가장 큰 문제는 바로 사료라고 생각된다. 고구려 불교와 직접 관련된 사료가 많지 않기 때문에 그 모습을 자세히 고찰해보기 어려웠다. 그렇지만 의연과 같은 고구려 승려들에 관한 사료는 우리나라와 중국, 일본의 문헌에서 단편적이지만 많이 발견할 수 있었다. 삼국시대 승려들은 단지 종교적인 존재에 그치는 것이 아니라 당시 정치·사회를 이끌어나갔던 지식인으로서의 역할을 수행하고 있었다. 더구나 고구려 승려들은 주변 국가들을 넘나들면서 불교의 발전에 커다란 역할을 하였다. 따라서 고구려 승려들에 대한 검토를 통해 그들이 활동했던 불교계 및 정치·사회의 모습에 대한 전체적이고 종합적인 이해가 가능할 것으로 생각되었고 '고구려 불교사 연구'를 주제로 학위논문을 작성하게 되었다.
　고구려 불교사를 연구함에 있어 승려들을 주된 연구대상으로 한 점은 여러 가지 한계로 작용할 것으로 생각된다. 그렇지만 역사는 인간의 역사로서 인간들이 주체가 되어 이끌어나가는 것이라고 할 때 불교계에서 직접 활동하였던 승려들에 대한 검토는 불교사뿐만 아니라 당시의 역사를 이해하는 데에 중요한 의미가 있을 것으로 생각된다.

저자에게 '의연'과의 만남은 소중한 인연인 것 같다. 이러한 인연으로 시작된 '고구려 불교사' 연구는 공부가 부족한 저자에게 아직도 넘어야 될 커다란 산으로 생각된다. 이 책에서 미처 살펴보지 못한 내용들은 앞으로 신앙이나 교학과 같은 고구려 불교와 관련된 다양한 주제를 검토해보면서 보충해나가고자 한다.

저자가 지금까지 공부를 계속 할 수 있었던 것은 많은 분들의 가르침과 도움이 있었기 때문이다. 가장 먼저 김수태 선생님께 마음 속 깊이 감사드린다. 선생님께는 학문의 방법과 공부하는 사람의 자세에 대해 배웠고, 인간으로 살아가는 모습에 대해서도 많은 가르침을 얻었다. 무엇보다 능력이 부족한 저자가 지금까지 공부를 계속 할 수 있었던 것은 선생님의 끊임없는 염려와 격려 덕분이었다고 생각한다.

논문을 지도해주시고 심사해주셨던 공석구 선생님, 남동신 선생님, 송양섭 선생님, 장인성 선생님께 감사드린다. 선생님들의 지도로 부족하고 미비했던 논문을 완성하였고, 학문적으로 많이 배우고 성장할 수 있었다. 충남대학교에서 가르침을 주신 성주탁 선생님, 최근묵 선생님, 김상기 선생님, 장병인 선생님께 감사드린다. 그리고 동학들께 고맙다는 말을 전하고 싶다. 같이 고민하고 위로받을 수 있었기 때문에 어렵고 긴 여정을 계속 해나갈 수 있었던 것 같다.
　오랫동안 약속을 지키지 못했던 저자를 기다려 주시고 책의 출간을 허락해주신 서경문화사의 김선경 사장님과 편집과 교정을 맡아 애써주신 편집부 여러분께 감사드린다.
　무엇보다 가족들에게 감사의 말을 전하고 싶다. 공부한다는 핑계로 아내로서 엄마로서의 역할을 제대로 하지 못했다. 언제나 사랑으로 감내하고 이해해 준 남편과 딸 민지에게 고맙다는 말을 전한다. 그리고 공부하는 며느리를 너그러운 마음으로 감싸주신 시부모님께도 감사드린다.
　마지막으로 아버지, 어머니께 감사드린다. 저자가 어렸을 때부터 역사에 관심을 갖고 전공으로 선택하게 된 것은 아버지의 영향 때문이었다. 어머니께는 항상 죄송한 맘뿐이다. 부족한 딸이 어려움을 견디지 못하고 포기할까 걱정하셨던 어머니께서는 어린 손녀를 맡아 돌보아주시면서 새벽기도로 끊임없이 격려해주셨다. 그 덕분인지 어머니께서는 지금 투병 중이시다. 이 책이 어머니께 조그마한 위로가 되어 건강을 회복하시는 데 도움이 되기를 기도드린다.

序 論

1. 연구 목적

　지금까지 三國時代 佛敎史는 新羅 佛敎를 중심으로 이해되었다. 삼국에서 불교가 수용된 이후 나타난 불교의 성격과 古代社會의 변화모습, 수용 주체세력의 문제 등이 신라 불교를 중심으로 파악되었다. 무엇보다 신라 불교와 관련된 자료가 풍부하였고 이를 토대로 많은 연구 성과가 축적되었기 때문이다. 따라서 상대적으로 자료가 부족했던 고구려와 백제 불교는 신라 불교를 통해 그 모습이 유추되었다고 생각된다.
　그러나 三國 중 가장 먼저 불교를 수용하였던 고구려 불교의 수준은 매우 높았던 것으로 생각된다. 왕실 및 귀족층의 후원을 받으며 성장한 고구려 불교는 南北朝 및 隋·唐 불교계와의 교류를 통해 발전하였다. 南北朝 시기부터 중국의 불교는 외래종교적인 성격에서 벗어나 중국사회에 정착하여 중국적인 불교로서 성장 발전하였다. 그리고 隋·唐代 들어 중국 불교는 매우 번성하였다. 따라서 중국과의 교류를 통해 중국 불교계의 발전 흐름이 곧바로 고구려 불교계에 반영되었던 것으로 생각된다.
　이처럼 선진적인 고구려 불교의 모습은 佛像, 古墳壁畵와 같은 유물유적들과 중국 佛敎敎學 및 백제, 신라, 일본 불교의 전개와 발전과정에 영향을 미쳤던 高句麗 僧侶들의 활동을 통해 확인해 볼 수 있다. 따라서 高句麗 佛敎史의 연구를 통해 삼국시대 불교 발전과정에 대한 보다 구체적인 모습을 확인해 볼 수 있을 것으로 생각된다.

그러나 高句麗 佛敎史를 살펴볼 수 있는 자료는 매우 제한적이다. 고구려 불교에 관한 문헌자료들은 분량이 상당히 소략하고 우리나라와 중국, 일본의 문헌 등에 단편적으로 산재해 있는 것이 많다. 따라서 그러한 자료들을 高句麗 佛敎史의 전개과정과 연관 지어 살펴보는 데에 어려움이 따랐던 것으로 생각된다.

또한 고구려 불교를 살펴볼 수 있는 고고학적 유물자료인 佛像, 古墳壁畵, 寺址 등은 대부분 중국과 북한지역에 위치하고 있어 직접 살펴보기가 상당히 어려운 형편이었다. 1990년대 이후 중국과 북한지역의 고구려 유물유적에 대한 접근조사가 예전보다 용이해졌지만 여전히 일정한 한계가 존재하는 것은 사실이다.[1]

북한학계의 高句麗史 연구 성과에 대한 검토도 가능해졌지만 기본적인 史觀의 차이로 인해 그 학문적 성과를 받아들이기에는 어려움이 있다.[2] 이

---

1) 중국과 북한지역의 고구려 고분군이 2004년 7월 UNESCO 세계문화유산에 등재되어 세계적으로 그 가치를 인정받았다. 특히 중국에서는 2002년 2월 이후 국가적 사업으로 추진된 '東北工程'으로 인해 중국 내 고구려 유적에 대한 대대적인 조사와 정비가 이루어졌다. 그러나 중국은 이러한 유적의 조사와 정비를 통해 결국 고구려사가 중국사에 귀속되었다는 내용을 강조하고 있다(趙法鐘,「중국 집안박물관 호태왕명문 방울」,『한국고대사연구』33, 2004 ; 최광식,「'東北工程'의 배경과 내용 및 대응방안-고구려사 연구동향과 문제점을 중심으로」, 같은 책, 2004). 한편 북한의 벽화고분은 무엇보다 과학적 보존과 관리가 필요함에도 불구하고 정치적 장애 등과 같은 이유로 인해 보존관리가 제대로 이루어지지 못하고 있다(전호태,「북한 소재 고구려 고분벽화의 보존과 관리방안 연구」,『한국고대사연구』35, 2004).
2) 李基東,「北韓에서의 高句麗史 연구의 현 단계―孫永種 著《高句麗史》를 읽고」,『東國史學』33, 1999 ; 신형식,「손영종의『고구려사』(2)의 분석과 비판」,『慶北史學』23, 2000

처럼 자료의 문제로 인해 고구려 불교사는 수용 이후의 발전과정을 체계적으로 살펴보기 어려웠고 구체적인 연구도 많이 이루어지지 못했던 것으로 생각된다.

그런데 고구려 불교와 관련된 제한적인 자료 중에서도 승려들에 관한 기록들이 비교적 구체적으로 나타나고 있어 주목된다. 즉 승려들의 검토를 통해 그들이 활동했던 당시 고구려 불교계에 대한 상황을 살펴볼 수 있을 것으로 생각된다. 특히 고구려 승려들은 自國뿐만 아니라 중국과 백제, 신라, 일본으로 건너가 활동하며 당시 동아시아 불교 발전에 중요한 역할을 하였다.

먼저 고구려의 승려 중 가장 널리 알려진 僧朗은 長壽王代 중국 三論宗의 발전에 커다란 영향을 주었다. 또한 같은 시기 道琳은 백제 개로왕의 측근으로 활동하면서 고구려 불교를 전했던 것으로 생각된다.

6세기 중반 陽原王代 惠亮은 신라로 건너가 신라 최초의 僧統이 되었다. 그리고 義淵은 平原王代 北齊에 求法 후 귀국하여 고구려 불교를 한 단계 발전시켰다. 慧慈는 嬰陽王代 일본으로 건너가 聖德太子의 스승으로 활동하며 일본 불교의 발전에 일정한 역할을 하였던 것으로 생각된다.

고구려 멸망시기 활동하였던 普德은 涅槃宗의 개창조로 추앙받고 있다. 元曉와 義相이 普德에게 수학하였고 이후 백제지역으로 이주하여 그 제자들과 함께 활동하였다. 따라서 普德은 백제와 신라 불교에도 일정한 영향을 주었을 것으로 생각되고 있다.

이러한 승려들의 활동을 통해 알 수 있듯이 고구려 불교는 敎學的·制度的으로 매우 발전하였으며 백제, 신라, 일본 나아가 중국 불교에도 영향을 주었던 것으로 생각된다. 또한 고구려 멸망 이후 고구려 불교는 발해로 계승되었고 통일신라 전반기 불교가 발전하는 데 일정한 역할을 하였던 것으로 유추된다. 따라서 고구려 불교 자체에 대한 체계적이고 깊이 있는 연구가 이루어진다면 삼국시대 불교의 전개 및 발전과정에 대한 이해가 보다 확대될 수 있을 것으로 생각된다.

한편 三國時代 승려들은 단지 종교적인 존재에 그쳤던 것이 아니라 정치적·사회적·예술적 활동도 함께 담당하고 있었다.[3] 따라서 승려들에 대한 검토를 통해 그들이 활동했던 당시 불교계의 모습과 함께 정치사회적인 상황까지도 살펴 볼 수 있을 것으로 생각된다.

지금까지 고구려 불교사와 관련된 연구 성과들을 검토해보면 불교 受容시기, 廣開土王代, 그리고 寶臧王代를 중심으로 하는 시기에 대부분 연구들이 집중되었다. 특히 불교의 初傳시기와 고구려 사상계의 변화가 분명히 나타났던 멸망기에 이처럼 佛敎史 연구가 집중되었던 것은 살펴볼 수 있는 자료들이 비교적 풍부했기 때문으로 생각된다. 그러나 長壽王代 이후 寶臧王代 이전까지, 즉 6세기대 이후 고구려 불교에 대해서는 구체적인 연구가 거의 이루어지지 못했다. 따라서 6세기대 이후 불교에 대한 체계적인 검토가 이루어져야만 전후 시기와 연결하여 고구려 불교의 전체 전개과정을 유기적으로 파악해 볼 수 있을 것으로 생각된다.

무엇보다 6세기에 접어들면서 고구려 불교계에 여러 가지 새로운 변화가 나타났던 것으로 생각된다. 고구려 불교는 5세기대 왕실의 적극적 후원을 받아 성장 발전하였다. 그 결과 6세기에 접어들면서 불교적 思惟체계가 사람들의 의식구조 속에 자리 잡게 되었고 이를 바탕으로 깊이 있는 教學의 이해가 이루어졌던 것으로 생각된다. 또한 신앙계층이 점차 확대되고 지방에까지 불교가 확산되는 등 새로운 변화가 진행되었던 것이다.

그런데 安臧王代 이후 고구려의 대내외적인 상황이 불안정해지면서 나타났던 여러 가지 변화가 고구려 불교에도 상당한 영향을 주었을 것으로 생각된다. 특히 귀족세력간의 대립과 분열로 인한 정치적 변화는 왕실 및 귀족세력의 후원을 받아 성장해 온 불교계에 영향을 주었을 것으로 생각된다. 즉 佛敎敎團 내부의 변화와 혼란이 야기되었고 불교의 대외적 위상의

---

3) 李基白,「三國時代 佛敎受容과 그 社會的 意義」,『新羅思想史研究』, 一潮閣, 1986, pp. 31~46.

변화가 나타났던 것으로 불교계는 이러한 변화를 극복하기 위해 노력하였을 것으로 추측된다.

한편 7세기에 접어들면서 고구려 불교계는 또 다른 변화를 맞이하였다. 바로 唐에서 道敎가 전래된 이후 나타났던 佛敎政策의 변화였다. 일반적으로 왕실의 도교진흥책으로 인해 寶臧王代 고구려 불교가 쇠퇴하였던 것으로 인식되고 있다. 그런데 이러한 변화의 과정을 보다 구체적으로 살펴볼 필요가 있다. 기록을 통해 확인되는 唐에서 도교가 처음 전래된 榮留王代와 본격적으로 도교진흥책을 추진하였던 寶臧王代, 각 시기 별로 불교정책의 차이가 나타났을 것으로 생각되기 때문이다. 그리고 이에 대한 佛敎敎團과 승려들의 대응방법 역시 각각 다른 모습을 보여주었을 것으로 생각되기 때문이다.

이처럼 고구려 불교는 수용 이후 성장 발전하는 과정에서 시기별로 각각 다른 변화의 모습이 나타났던 것으로 생각된다. 따라서 각 시기별로 나타났던 불교의 변화과정을 체계적으로 살펴보면 고구려 불교의 전체 전개과정에 대한 전반적인 이해가 이루어질 수 있을 것이다. 그러기 위해서는 무엇보다 그동안 高句麗 佛敎史에서 연구의 공백 기간으로 남아있던 6세기대 이후 고구려 불교에 대한 연구가 진행되어야 가능할 것으로 생각된다.

그래서 6세기를 중심으로 전후 시기의 고구려 불교사 연구 성과들과 유기적인 연결이 이루어진다면 高句麗 佛敎史의 전체적인 모습을 체계적으로 파악해 볼 수 있을 것으로 생각된다. 또한 불교사 연구를 통해 각 시기마다 정치적·사회적 동향까지도 함께 살펴볼 수 있으므로 고구려 역사에 대한 이해의 폭을 넓히는 데에 도움이 될 수 있을 것으로 생각한다.

2. 연구 성과

　高句麗 佛敎史에 대한 연구는 三國 佛敎史 연구의 일환으로 이루어졌다. 三國에 수용된 초기 불교의 성격 및 그 역사적 의미를 살펴보는 과정 속에서 고구려 불교에 대한 연구가 진행되었던 것이다. 이러한 연구들은 고구려 불교의 수용 및 전개과정, 수용된 불교의 성격, 불교 신앙, 승려들의 활동 등을 전반적으로 살펴보았다.[4]

　그리고 고구려 불교가 수용 전개되었던 각 시기별로 연구가 진행되었는데 주로 수용 전후의 시기에 대한 검토와 고구려 멸망기에 연구가 집중되었다. 먼저 고구려에 불교가 수용된 시기와 初傳된 불교의 성격에 대한 논의가 이루어졌다. 고구려에 불교는 小獸林王 2년(372) 이전, 적어도 4세기 중엽경에 전해졌던 것으로 이해되고 있다.[5] 그리고 소수림왕대 수용되었던 초기 불교는 중국 北朝불교와 관련 있으며 現世利益적이고 神異靈應的인 성격을 지닌 格義佛敎로서 이해하였다.[6]

---

4) 金東華,「高句麗時代의 佛敎思想-側面의 考察의 一試圖」,『亞細亞研究』2-1, 1959 ; _____,『三國時代의 佛敎思想』, 민족문화사, 1987 ; 安啓賢,「高句麗佛敎의 展開」,『韓國思想』7, 韓國思想研究所, 1964 ; 金煐泰,「高句麗佛敎思想―初傳性格을中心으로」,『崇山朴吉眞博士回甲記念韓國佛敎思想史』, 1975 ; _____,『初期韓國敎團佛敎史研究』, 民族社, 1986 ; _____,『三國時代 佛敎信仰研究』, 불광출판사, 1990 ; 高翊晉,『韓國古代佛敎思想史』, 동국대출판부, 1989 ; 李基白, 앞의 논문,『新羅思想史研究』, 一潮閣, 1986 ; 김두진,「불교의 수용과 고대사회의 변화」,『韓國古代史論』, 한길사, 1988 ; 목정배,「高句麗佛敎의 신장」,『三國時代의 佛敎』, 동국대출판부, 1989 ; 김상현,「中國文獻所載 高句麗 佛敎史 記錄의 檢討」,『고구려의 사상과 문화』, 고구려연구재단연구총서 4, 2005

5) 李龍範,「北朝前期佛敎의 高句麗傳來」,『東國大論文集』12, 1973 ; 金煐泰,「高句麗佛敎傳來의 諸問題」,『佛敎學報』23, 1986 ; 전호태,『고구려고분벽화연구』, 사계절, 2000

6) 李龍範, 앞의 논문, 1973 ; 金煐泰, 앞의 논문, 1986 ; _____, 앞의 책, 1990 ; 李基白, 앞의 책, 일조각, 1986 ; 蔡印幻,「高句麗佛敎 戒律思想 研究」,『佛敎學報』27,

다음으로 왕실 및 국가의 적극적인 후원을 받아 발전하기 시작하였던 廣開土王代의 불교계에 대한 관심이 집중되었다. 평양의 9寺 창건, 요동지방에서 育王塔의 건립과 승려 曇始의 활동 등을 통해 광개토왕대 왕실과 불교의 관계 및 교학적 측면의 발전에 대한 이해가 이루어졌다.[7)]

또한 5세기대 고구려 불교와 관련된 대표적인 유물인 德興里古墳壁畵와 長川1호분 벽화를 통해 당시 불교에 대해 파악해보고자 했던 연구가 진행되었다. 德興里古墳은 墨書銘의 내용을 통해 축조시기가 명확히 확인되고 있는 고구려 고분 중의 하나이다. 이 고분은 광개토왕대 축조되었고 묵서명과 벽화의 내용에 불교적 요소가 나타나고 있어 당시 불교계의 모습에 대해 살펴볼 수 있는 중요한 자료이다. 이처럼 덕흥리 고분의 벽화의 내용과 묵서명에 대한 검토를 통해 彌勒信仰과 轉輪聖王信仰의 존재 및 초기『無量壽經』을 중심으로 한 淨土信仰의 흔적 등과 같이 고구려 불교 수용 초기 신앙의 모습에 대해 살펴보았다.[8)] 그리고 이 고분의 주인공인 幽州刺使 鎭과 광개토왕의 관계를 추정하고 벽화의 내용에 나타난 七寶行事圖에 대

1990 ; 전호태, 앞의 책, 사계절, 2000 ; 박윤선, 「고구려의 불교수용」, 『한국고대사연구』 35, 2004 ; 신종원, 「삼국의 불교 初傳者와 초기불교의 성격」, 『한국고대사연구』 44, 2006 ; 田村圓澄, 『古代朝鮮佛敎の日本佛敎』, 1980, 吉川弘文館 ; 門田誠一, 「高句麗の初期佛敎における經典と信仰の實態」, 『朝鮮史硏究會論文集』 39, 2001 ; _____, 「銘文の檢討による高句麗初期佛敎の實相-德興里古墳墨書中の佛敎語彙中に」, 『朝鮮學報』 180, 2001

7) 申東河, 「高句麗의 寺院造成과 그 意味」, 『韓國史論』 19, 1988 ; 李文基, 「高句麗 德興里古墳壁畵의 '七寶行事圖'와 墨書銘」, 『歷史敎育論集』 25, 1999 ; 한명숙, 「삼국의 불교수용과 발전」, 『가산학보』 10, 2002 ; 조경철, 「광개토왕대 영락연호의 검토와 불교」, 2004년 10월 9일 한국고대사학회발표문 ; 김상현, 「고구려의 미륵신앙」, 『고구려 문화의 역사적 의의』, 고구려연구재단, 2005 ; 田村圓澄, 앞의 책, 1980

8) 田村圓澄, 앞의 책, 1980 ; 金煐泰, 앞의 책, 불광출판사, 1990 ; 田中俊明, 「德興里壁畵古墳의 墨書銘」, 『朝鮮史硏究會會報』 59, 1980 ; 深律行德, 「高句麗古墳わ通してみた宗敎と思想の硏究」, 『고구려연구』 4, 1997 ; 門田誠一, 앞의 논문, 『朝鮮史硏究會論文集』 39, 2001 ; _____, 앞의 논문, 『朝鮮學報』 180, 2001

한 검토를 통해 평양 9寺 창건과의 연관성에 대해 유추하였다.[9] 즉 덕흥리 벽화고분을 통해 광개토왕대를 중심으로 한 5세기 초반 고구려 불교의 구체적인 내용에 대한 검토가 이루어졌다.

장천 1호분도 5세기대 축조된 것으로 생각되고 있는데 벽화에 불교적 내용이 나타나고 있어 주목된다. 부처와 보살, 연꽃, 禮拜圖와 같이 벽화에 나타난 불교적 표현을 통해 당시 고구려 불교에 대한 연구가 진행되었다. 즉 고구려 초기 佛像양식과 불교적 來世觀의 표현 및 미륵신앙의 존재양식 등에 대한 검토가 이루어졌던 것이다.[10]

長壽王代 平壤으로 遷都한 이후 불교는 더욱 발전하였던 것으로 생각된다. 그러나 이 시기 고구려 불교에 대한 적극적인 논의는 이루어지지 않고 있다. 특히 6세기대 고구려 불교에 대해서는 구체적인 연구가 진행되지 못했다.

마지막으로 고구려 불교사 중 관심이 집중된 시기는 寶臧王代였다. 주로 연개소문 정권에서 추진하였던 도교진흥책과 그로 인해 야기되었던 사상계의 변화와 당시 정치사회적 상황을 연관시켜 살펴보았다.[11]

高句麗 佛敎史에서 연구되었던 중요한 주제 가운데 하나가 승려들의 활동과 사상이었다. 고구려 승려들 가운데 일찍부터 그 존재가 주목되었던 존재는 僧朗이었다. 僧朗은 중국 三論宗의 발전에 큰 영향을 미쳤던 승려로서 그의 활동과 新三論思想에 대한 연구가 많이 이루어졌다.[12] 무엇보다

---

9) 李文基, 앞의 논문, 1999
10) 文明大,「長川1號墓 佛像禮拜圖壁畵와 佛像의 始原問題」,『先史와 古代』1, 1991 ; _____,「佛像의 受容問題와 長川1號墓 佛像禮佛圖壁畵」,『講座美術史』10, 1998 ; 全虎兒,「5세기 高句麗 古墳壁畵에 나타난 佛敎的 來世觀」,『韓國史論』21, 1989 ; 최연식,「삼국시대 미륵신앙과 내세의식」,『강좌 한국고대사』8, 2002
11) 李萬烈,「高句麗思想政策에 대한 몇 가지 檢討」,『柳洪烈華甲紀念論叢』, 1971 ; 車柱環,「高句麗의 道敎思想」,『韓國道敎思想硏究』, 서울대출판부, 1978 ; 李乃沃,「淵蓋蘇文의 執權과 道敎」,『歷史學報』99・100합집, 1983
12) 金芿石,「高句麗 僧朗과 三論學」,『白性郁博士頌壽紀念佛敎學論文集』, 1959 ; _____,「僧朗을 상승한 中國三論의 眞實性」,『佛敎學報』1, 1963 ; _____,「僧朗을 상승한 中國三論의 歷史性」,『東國大論文集』1, 1964 ; 朴鍾鴻,「高句麗 僧朗의

僧朗을 통해 고구려 불교의 발전된 수준을 확인해 볼 수 있다는 점에서 비교적 많은 연구가 이루어졌던 것으로 생각된다.

僧朗을 제외한 고구려 승려들 중에는 義淵과 普德에게 관심이 집중되었다. 義淵은 고구려 후기, 특히 平原王代를 중심으로 고구려 불교계의 동향과 정치사회적인 움직임을 살펴볼 수 있다는 점에서 주목되었다.[13] 그리고 普德은 고구려 승려 중 가장 관심이 집중되었던 존재였다. 普德에 관한 연구를 통해 연개소문 정권하에서 변화하던 불교계의 동향과 정치적 상황을 살펴보았고 아울러 백제 불교와의 연관성 및 통일기 신라불교에 끼친 영향력에 대해서도 고찰하였다.[14]

認識方法論과 本體論」, 『韓國思想史』, 1972 ; 柳炳德, 「僧朗과 三論思想」, 『崇山朴吉眞博士華甲紀念韓國佛敎思想史』, 1975 ; 金仁德, 「僧朗大師 思想學說의 關係資料」, 『한국불교학』 8, 1983 ; _____, 「僧朗의 三論思想」, 『哲學思想의 諸問題』 2, 1984 ; _____, 「高句麗의 三論思想展開」, 『伽山李智冠스님華甲紀念論叢韓國佛敎文化思想史』 上, 1992 ; 金恒培, 「僧朗의 和思想」, 『불교학보』 15, 1978 ; 金煐泰, 「高句麗 僧朗에 대한 再考察」, 『한국불교학』 8, 1983 ; 高翊晉, 「高句麗 僧朗의 三論學과 그 影響」, 『韓國古代佛敎思想史』, 동국대출판부, 1989 ; 朴先榮, 「高句麗 僧朗의 중국 유학과 활동 및 師承관계」, 『천태종전운덕총무원장화갑기념 불교학 논총』, 1999 ; _____, 「中國의 三論學史에서 僧朗時代 攝山 棲霞寺의 가풍」, 『종교교육연구』 9, 1999 ; _____, 「高句麗 출신 僧朗을 相承한 中國三論宗 제2기의 가풍(2)」, 『불교학보』 37, 2000 ; 南武熙, 「高句麗 僧朗의 生涯와 그 新三論思想」, 『북악사론』 4, 1998

13) 李 萬, 「高句麗 義淵의 唯識思想―중국 地論宗의 法上과의 관계를 중심으로」, 『韓國佛敎學』 21, 1996 ; _____, 『한국유식사상사』, 장경각, 2000 ; 鄭善如, 「高句麗 僧侶 義淵의 활동과 사상」, 『韓國古代史硏究』 20, 2000 ; 南武熙, 「高句麗後期 佛敎思想硏究-義淵의 地論宗思想 受容을 중심으로」, 『國史館論叢』 95, 2001

14) 盧鏞弼, 「普德의 사상과 活動」, 『韓國上古史學報』 2, 1989 ; 김주성, 「보덕전의 검토와 보덕의 고달산 이주」, 『한국사연구』 121, 2003 ; _____, 「보덕에 관한 사료검토」, 『보덕화상과 경복사지』, 전북대 전라문화연구소, 신아출판사, 2003 ; 김방룡, 「신라 통일기 불교사상의 전개와 보덕의 열반종」, 『보덕화상과 경복사지』, 전북대 전라문화연구소, 신아출판사, 2003 ; 정병삼, 「普德의 불교와 삼국사회」, 『보덕화상과 경복사지』, 전북대 전라문화연구소, 신아출판사, 2003 ; 노용필, 「普德의 佛敎守護運動과 涅槃思想」, 『보덕화상과 경복사지』, 전북대 전라문화연구소, 신

한편 일본학계에서는 慧慈에 주목하였다. 혜자는 일본 불교사에서 聖人으로 추앙되는 聖德太子의 스승으로 推古朝 일본 불교의 발전에 커다란 영향을 주었던 것으로 생각되기 때문이다. 또한 慧慈가 당시 고구려와 일본, 隋와의 외교관계 속에서 중요한 역할을 하였다는 점에서 그에 대한 관심이 집중되었던 것으로 생각된다.15)

고구려 불교에 대한 연구는 古墳壁畵와 佛像, 寺址 등과 같은 불교와 관련된 유물유적에 대한 검토를 통해서도 이루어졌다. 특히 고분벽화의 내용 검토를 통해 불교 수용 이후 전개과정에 대한 전반적인 이해가 이루어졌던 것으로 생각된다.16) 또한 고분벽화의 시기별 내용의 변화, 내용요소에 표현된 道敎·天文思想 등과 같은 다양한 사상적 측면을 고찰하였다.17)

佛像과 寺址에 관한 연구는 주로 미술사분야에서 이루어졌다.18) 佛像

아출판사, 2003 ; 윤덕향, 「경복사지의 현황과 가람에 대한 추론」, 『보덕화상과 경복사지』, 전북대 전라문화연구소, 신아출판사, 2003 ; 김해근, 「韓國佛敎 涅槃宗 小史」, 『보덕화상과 경복사지』, 전북대 전라문화연구소, 신아출판사, 2003

15) 李成市, 「高句麗の 日隋外交ー이른바 國書問題에 관한 一試論ー」, 『碧史李佑成停年記念民族史의 展開와 그 文化』上, 1990 ; _____, 『古代東アシアの民族と國家』, 岩波書店, 1998 ; 新川登龜男, 「高句麗と日本」, 『日本古代文化史の構想』, 名著刊行會, 1994 ; 大山誠一, 『聖德太子の誕生』, 吉川弘文館, 1999 ; 田村圓澄, 『飛鳥 仏敎史硏究』, 塙書房, 1969 ; _____, 앞의 책, 1980 ; 田中嗣人, 『聖德太子信仰의 成立』, 吉川弘文館, 1983

16) 전호태 「고구려 고분벽화 연구-내세관 표현을 중심으로」, 서울대학교 박사학위논문, 1997 ; _____, 앞의 책, 2000

17) 전호태, 앞의 책, 2000 ; 鄭在書 「高句麗 古墳壁畵의 神話·道敎的 題材에 대한 새로운 認識ー中國과 周邊文化의 聯關性을 中心으로」, 『白山學報』 46, 1996 ; 金一權, 『古代 中國과 韓國의 天文思想 硏究ー한당대 제천의례와 고구려 고분벽화의 천문도를 중심으로』, 서울대학교 박사학위논문, 1999

18) 黃壽永, 「韓國의 佛像」, 문예출판사, 1989 ; 金元龍, 『韓國美術史硏究』, 일지사, 1987 ; 文明大, 『韓國彫刻史』, 열화당, 1980 ; _____, 「高句麗 佛塔에 대한 考察」, 『歷史敎育論集』 5, 1983 ; _____, 「元五里寺址塑造佛像의 연구ー高句麗 千佛像과 관련하여」, 『고고미술』, 1981 ; _____, 앞의 논문, 1991 ; _____, 「高句麗 初創佛敎寺院 省門寺 伊弗蘭寺의 考察」, 『강좌미술사』 10, 1998 ; _____, 앞의 논문, 『강

의 경우 銘文이 남아있더라도 정확한 조상시기에 대한 여러 가지 異見들이 존재한다. 그러나 佛像의 양식에 대한 연구를 통해 고구려 佛像 조상시기를 구체적으로 인식할 수 있게 되었고 당시 고구려 불교에 대한 이해가 이루어졌다.

이처럼 高句麗 佛敎史 연구는 1980년대 중반 이후부터 다양한 주제에 대한 많은 논문들이 발표되어 구체적인 연구 성과를 보여줬던 것으로 생각된다.[19] 初傳 불교의 성격, 불교신앙, 수용 이후 왕권과 관련하여 발전하는 모습, 佛敎敎學의 발전, 승려들의 활동과 사상을 통해 당시 고구려 불교계의 모습과 함께 정치사회적인 동향까지도 살펴볼 수 있었다. 또한 제한적인 문헌자료에서 벗어나 古墳壁畵와 佛像 등과 같은 유물유적을 적극적으로 활용하여 고구려 불교에 대한 이해를 풍부하게 하였다.

그러나 고구려 불교와 관련해서 구체적으로 연구가 진행되어야 될 부분이 아직 많이 남아있다고 생각된다. 불교가 수용된 이후 전개 발전되는 과정에서 불교계의 모습과 성격에 대한 보다 구체적인 이해, 고구려 사회의 변화에 불교가 미친 영향, 불교의 확산과정에 대한 이해, 왕실 및 귀족세력과 같은 다양한 불교 후원세력과의 관계 및 시기적인 변화양상, 佛敎敎學 및 신앙에 대한 보다 깊이 있는 고찰, 敎團의 성립과 운영 그리고 고구려 승

───

좌미술사』 10, 1998 ; 리화선, 「자료와 연구―고구려 금강사와 그 터자리 구성에 대하여」, 『조선고고연구』 1986-4, 1986 ; 金正基, 「高句麗 定陵寺址 및 土城里寺址 發掘報告槪要와 考察」, 『佛敎美術』 10, 1991 ; 金理那, 「韓國古代佛敎彫刻史硏究」, 일조각, 1989 ; _____, 「高句麗 佛敎彫刻양식의 전개와 중국 佛敎彫刻」, 『고구려 미술의 대외교섭―제4회 전국미술사학대회』, 예경, 1996 _____, 「고대 한일미술교섭사」, 『한국고대사연구』 27, 2002 ; 李文基, 앞의 논문, 1999 ; 정선여, 「6세기 高句麗 佛敎信仰」, 『百濟硏究』 34, 2001 ; 최연식, 앞의 논문, 2002
19) 고구려연구재단 편, 『고구려사 연구논저목록』 1, 고구려연구재단, 2004
위 책은 최근까지 발표된 고구려 불교사 관련 연구논저목록들을 종합 정리하여 수록하였다. 사상사 관련 연구논저목록은 제 4부 문화분야(pp. 320~339)편에 수록되어 있다.

려들에 대한 보다 깊이있는 고찰 등과 같은 부분은 연구가 더 진행되어야 된다고 생각된다.

특히 6세기대 이후 고구려 불교에 대한 구체적인 검토가 꼭 필요하다. 이 시기에 대한 본격적인 연구가 진행되어야 고구려 불교의 전체적인 발전 과정에 대한 이해가 이루어질 수 있기 때문이다. 그리고 앞으로 고구려 불교의 사상적 측면에 대한 검토와 정치적·사회적 기능에 대한 연구가 함께 수행되어야 될 과제라고 생각한다.

3. 연구 방법

1980년대 이후 高句麗史에 대한 관심이 집중되고 많은 연구가 진행되면서 고구려사에 대한 이해의 폭이 확대되었다고 생각된다. 그러나 고구려사 연구는 주로 정치사 분야에 치중되어 있고 불교사를 비롯한 다른 분야에 대한 연구는 아직도 미흡한 형편이다.

고구려 불교에 대한 적극적인 연구가 이루어지지 못한 가장 큰 이유는 무엇보다 관련된 자료가 부족했기 때문으로 생각된다. 그러나 『三國史記』, 『三國遺事』, 『海東高僧傳』 등과 같은 國內 자료, 중국측 史書와 『高僧傳』, 『續高僧傳』, 『日本書紀』, 『本朝高僧傳』 등과 같은 중국 및 일본의 문헌자료들을 자세히 살펴보면 단편적이지만 고구려 불교와 관련된 비교적 많은 내용들이 존재한다. 특히 고구려 승려들에 대한 내용이 많이 전해지고 있는데 僧朗, 義淵, 慧慈, 普德 등이 대표적인 예이다.

이처럼 비교적 상세한 기록이 전해지는 승려들뿐만 아니라 중국 및 일본 불교사에서 매우 짧은 기록이 전해지고 있는 고구려 승려들의 존재도 주목해 볼 필요가 있다. 중국에서 활동하였던 승려들로는 三論宗과 관련된 實法師와 印法師, 天台教學을 배웠던 波若, 說一切有部를 연구했던 智晃,

중국으로 건너간 후 다시 天竺까지 유학하였던 玄遊 등이 있다. 그리고 일본으로 건너갔던 慧灌, 道登, 道顯 등과 같은 승려들의 활동도 자세히 살펴볼 필요가 있다.

漢字文化圈에 속하는 중국과 한국, 일본 등 동아시아 三國은 漢譯大藏經을 공유했고 高僧들의 저서나 기타 불교 관련 자료들도 모두 한자를 사용해서 표기하였기 때문에 모든 불교 전적이 거의 함께 간행·유통되었다. 또한 많은 求法僧과 傳法僧이 국경을 넘나들며 활동하였기 때문에 동아시아 불교라는 하나의 佛敎文化圈을 형성하였다. 따라서 중국 및 일본에서 활동했던 고구려 승려들은 求法僧 또는 傳法僧으로 활동하며 고구려 불교의 발전과 더불어 동아시아 불교의 발전에 적극적으로 참여하고 기여했던 것으로 평가된다.[20]

고구려 불교를 살펴볼 수 있는 자료가 절대적으로 부족한 상황에서 승려들에 대한 사료는 매우 중요하다고 생각된다. 왜냐하면 고구려 승려들에 대한 歷史的·思想史的 위상이 중요하게 평가되고 있기 때문이다. 따라서 승려들의 활동과 사상에 대한 구체적인 검토가 이루어진다면 그 승려들이 활동하였던 당시 고구려 불교계의 모습과 교학적 측면, 불교신앙에 대한 이해와 함께 정치·사회적인 동향까지도 자세히 살펴볼 수 있을 것으로 생각되기 때문이다. 그리고 나아가 당시 동아시아 불교계의 상황에 대한 이해도 이루어질 수 있을 것으로 생각된다.

기록에 나타나고 있는 고구려 승려들 대부분은 6세기대 이후 활동하였다. 따라서 이들 승려들에 대한 검토를 통해 무엇보다 연구가 필요한 6세기대 이후 高句麗 佛敎史에 대한 이해가 이루어질 수 있을 것으로 생각된다. 즉 승려들에 대한 자료는 고구려 불교사, 특히 6세기대 이후 고구려 불교사의 이해에 있어 매우 중요한 의미를 가지고 있다.

그러나 승려들에 대한 연구만으로는 고구려 불교사의 이해가 체계적으

---

20) 김상현, 앞의 논문, 『고구려의 사상과 문화』, 2005, pp. 96~96

로 이루어지기는 어려울 것으로 생각된다. 따라서 고구려 불교와 관련된 또 다른 자료들, 즉 古墳壁畵와 佛像銘文, 寺址, 佛塔 등과 같은 유물·유적들을 적극적으로 활용할 필요가 있다. 이러한 유물·유적 등에 나타나는 불교적 요소와 내용들을 함께 검토하면 고구려 불교의 성격 및 내용에 대한 보다 깊이 있는 이해가 이루어질 수 있을 것이다.

　이상의 내용을 바탕으로 본문에서는 高句麗 佛敎史를 종합적으로 살펴보고자 한다. 먼저 제1장에서는 4세기·5세기대 고구려에 불교가 수용된 이후 전개되는 과정에 대해 살펴보기로 하겠다. 왕실을 중심으로 불교가 수용되어 발전되는 과정과 중국 불교교학의 발전흐름에 영향을 받아 고구려 불교가 敎學的으로 발전되는 모습에 대해 살펴보겠다.

　제2장에서는 6세기대 고구려 佛敎敎團의 정비과정에 대해 살펴보고자 한다. 고구려에서 승려와 사원이 점차 늘어나면서 敎團이 성립되었을 것으로 생각된다. 먼저 敎團의 운영제도인 僧官制가 고구려에서 성립되어 운영되는 모습에 대해 검토해보고자 한다. 新羅의 僧官制가 성립 실시되는 데에 고구려의 불교가 중요한 영향을 주었다는 점을 통해 이러한 모습을 살펴볼 수 있을 것으로 생각된다.

　6세기대 들어 나타났던 고구려의 정치적 상황의 변화는 불교계에도 영향을 주었을 것으로 생각된다. 귀족세력의 분열로 인해 그들과 관련이 있었던 불교교단에도 혼란과 변화가 나타났을 것으로 생각된다. 6세기대 고구려 승관제와 불교교단에 나타났던 변화는 양원왕대 신라로 망명한 승려 惠亮에 대한 고찰을 통해 살펴볼 수 있다.

　平原王代 들어 고구려 정치상황이 안정되며 혼란스러웠던 불교계에 대한 정비가 이루어졌던 것으로 생각된다. 이러한 모습은 당시 활동하였던 義淵의 활동을 통해 살펴볼 수 있다. 義淵은 北齊의 법상에게 求法한 후 귀국하여 僧官制를 재정비하였던 것으로 생각되기 때문이다. 따라서 義淵의 활동과 사상에 대한 연구를 통해 평원왕대 당시 고구려 승관제의 정비모습, 정치적인 동향과 함께 교학적인 발전에 대해 살펴 볼 수 있을 것으로 생각

된다.

제 3장에서는 7세기대 고구려 佛敎政策의 변화과정에 대해 살펴보고자한다. 영양왕대 慧慈를 비롯한 많은 고구려 승려들이 일본으로 건너가 활동하였다. 즉 推古朝 일본 불교의 발전에 고구려 불교가 중요한 역할을 하였던 것으로 영양왕대 불교수준을 알려주는 모습이리고 생각된다. 특히 영양왕은 고구려의 정치와 외교에 불교를 적극 이용하였던 것으로 생각된다. 이러한 모습은 慧慈를 통해 확인해 볼 수 있다. 따라서 혜자의 활동과 사상적 검토를 통해 영양왕대 고구려 불교정책에 대한 이해가 이루어질 수 있을 것으로 생각된다.

그러나 榮留王代 唐에서 道敎가 전래되면서 고구려 불교정책에 변화가 나타나기 시작했다. 寶臧王代에 적극적으로 도교진흥책이 추진되면서 불교 억압이 강화되었다. 이처럼 영류왕대 이후 보장왕대 나타났던 불교정책의 변화에 대해서는 普德의 활동을 통해 검토해보고자 한다. 普德은 고구려 말 佛敎政策의 변화에 적극적으로 대응했던 것으로 생각되므로 그에 대한 연구를 통해 당시 불교계의 동향과 정치·사회적인 모습에 대해 살펴볼 수 있을 것으로 생각된다.

이처럼 고구려에 불교가 수용된 이후 전개 발전되는 과정과 모습을 각 시기별로 활동했던 승려들을 중심으로 관련된 불교사 자료 등을 함께 검토하며 살펴보고자 한다. 이러한 연구를 통해 고구려 불교의 발전과 변화모습에 대한 체계적 고찰과 종합적인 이해가 이루어지는 데에 도움이 될 것으로 생각된다.

제 1 장
4·5세기 高句麗 佛敎의 展開

　三國 중 가장 먼저 佛敎를 수용한 고구려에 공식적으로 불교가 전해진 것은 小獸林王 2년(372)이었다. 이후 廣開土王代·長壽王代 高句麗 佛敎는 왕실의 적극적인 후원을 받아 발전하였던 것으로 생각된다. 특히 평양 遷都를 전후로 한 시기에 불교 사원과 승려들이 증가하면서 佛敎敎團이 성립되어 운영되었을 것으로 생각된다. 또한 4·5세기대 중국 佛敎敎學이 상당히 발전하였는데, 고구려 불교도 그 영향을 받았을 것으로 생각된다.

　고구려에서 불교가 수용된 이후 발전하는 과정에 대해서는 많은 연구가 진행되었다. 먼저 고구려 불교의 수용 시기에 대하여 고찰하였다.[1] 이러한 연구들을 통해 고구려 초기 불교는 중국 北朝불교와 관련 있으며 現世利

---

1) 불교의 初傳시기에 대해서는 다음의 연구들이 참고된다.
李龍範,「北朝前期佛敎의 高句麗傳來」,『東國大論文集』12, 1973 ; 金煐泰,「高句麗佛敎傳來의 諸問題」,『佛敎學報』23, 1986 ; 李基白,「三國時代 佛敎受容과 그 社會的 意義」,『新羅思想史硏究』, 일조각, 1986 ; 蔡印幻,「高句麗佛敎 戒律思想 硏究」,『佛敎學報』27, 1990 ; 전호태,『고구려고분벽화연구』, 사계절, 2000 ; 박윤선,「고구려의 불교수용」,『한국고대사연구』35, 2004

益的이고 神異靈應的인 성격을 지닌 格義佛敎로서 이해되었다.[2] 그리고 왕실의 후원을 받아 불교가 본격적으로 성장하였던 廣開土王代 불교계에 대한 연구가 진행되었다.[3] 廣開土王代 평양의 9寺 창건, 요동지방에서 育王塔의 건립과 승려 曇始의 활동 등을 통해 이 시기 왕실과 불교의 관계와 불교 敎學의 발전 모습 등을 알 수 있었다.

長壽王代 평양 遷都가 이루어진 후 고구려 불교는 더욱 발전하였을 것으로 생각된다. 그렇지만 이 시기 불교계에 대한 자료가 부족하여 구체적인 연구가 진행되지 못하였다. 다만 德興里古墳壁畵와 長川 1호분 벽화 등과 같이 古墳壁畵에 대한 검토를 통해 5세기대 고구려 불교에 대한 이해가 이루어졌다. 불교적 표현이 나타난 벽화의 내용과 墨書銘의 검토를 통해 고구려 불교 수용 초기 신앙의 모습과 불교적 來世觀, 佛像양식 등에 대해 고찰하였다.[4]

4·5세기대 고구려 불교가 상당히 발전하였는데 曇始와 같이 고구려에

---

2) 李龍範, 앞의 논문, 1973 ; 金煐泰, 앞의 논문, 1986 ; 李基白, 앞의 책, 1986 ; 金煐泰, 『삼국시대불교신앙연구』, 불광출판사, 1990 ; 蔡印幻, 앞의 논문, 1990 ; 전호태, 앞의 책, 2000 ; 박윤선, 앞의 논문, 2004 ; 田村圓澄, 『古代朝鮮佛敎の日本佛敎』, 吉川弘文館, 1980 ; 門田誠一, 「高句麗の初期佛敎における經典と信仰の實態」, 『朝鮮史硏究會論文集』 39, 2001a ; _____, 「銘文の檢討による高句麗初期佛敎の實相-德興里古墳墨書中の佛敎語彙中心に」, 『朝鮮學報』 180, 2001b

3) 申東河, 「高句麗의 寺院造成과 그 意味」, 『韓國史論』 19, 1988 ; 蔡印幻, 「高句麗佛敎 戒律思想 硏究」, 『佛敎學報』 27, 1990 ; 李文基, 「高句麗 德興里古墳壁畵의 '七寶行事圖'와 墨書銘」, 『歷史敎育論集』 25, 1999 ; 조경철, 「광개토왕대 영락연호의 검토와 불교」, 2004년 10월 9일 한국고대사학회발표문 ; 田村圓澄, 앞의 책, 1980

4) 田村圓澄, 앞의 책, 1980 ; 田中俊明, 「德興里壁畵古墳の 墨書銘」, 『朝鮮史硏究會會報』 59, 1980 ; 全虎兒, 「5세기 高句麗 古墳壁畵에 나타난 佛敎的 來世觀」, 『韓國史論』 21, 1989 ; 金煐泰, 앞의 책, 1990 ; 文明大, 「長川1號墓 佛像禮拜圖壁畵와 佛像의 始原問題」, 『先史와 古代』 1, 1991 ; _____, 「佛像의 受容問題와 長川1號墓 佛像禮佛圖壁畵」, 『講座美術史』 10, 1998 ; 深律行德, 「高句麗古墳わ通してみた宗敎と思想の硏究」, 『고구려연구』 4, 1997 ; 門田誠一, 앞의 논문, 2001a ; _____, 앞의 논문, 2001b

건너와 활동하였던 중국 승려들이 중요한 역할을 하였다. 이들 승려들은 중국 불교의 새로운 발전 경향을 전해주어 고구려 불교교학의 발전에 상당한 영향을 주었던 것으로 생각되고 있다. 그 결과 고구려 승려 僧朗이 중국에서 활동하며 중국 三論宗의 발전에 중요한 역할을 할 수 있었던 것이다. 僧朗에 대해서는 많은 연구가 진행되었는데, 僧朗의 사상과 활동을 통해 고구려 불교교학의 모습과 그 수준에 대해 살펴볼 수 있었다.[5]

이처럼 4·5세기대 고구려 불교의 전개과정에 대한 많은 연구가 이루어져 그 전반적인 모습을 잘 살펴볼 수 있었던 것으로 생각된다. 그러나 이 시기 고구려 불교계에 대해서는 아직도 더 검토해볼 문제들이 많은 것 같다. 고구려에 불교가 수용된 이후 4·5세기대 사회변화에 어떠한 영향을 주었는지, 불교와 고구려 왕실 및 귀족세력들과의 연결 요인 및 구체적인 모습, 이 시기 불교신앙 등과 같은 문제들은 더 자세한 고찰이 필요하다고 생각된다.

비교적 많이 연구되었던 僧朗도 주로 중국 불교교학의 발전과정 속에서 검토되어 정작 僧朗과 고구려 불교와의 관련성에 대한 유기적인 설명은 충분히 이루어지지 못했던 것 같다.[6] 따라서 이러한 문제들에 대한 새로운 검토가 이루어져야만 고구려 불교의 전개 및 발달 과정에 대한 이해가

---

5) 金芿石,「高句麗 僧朗과 三論學」,『白性郁博士頌壽紀念佛敎學論文集』, 1959 ; _____,「僧朗을 상승한 中國三論의 眞實性」,『佛敎學報』1, 1963 ; _____,「僧朗을 상승한 中國三論의 歷史性」,『東國大論文集』1, 1964 ; 朴鍾鴻,「高句麗 僧朗의 認識方法論과 本體論」,『韓國思想史』, 1972 ; 柳炳德,「僧朗과 三論思想」,『崇山朴吉眞博士華甲紀念韓國佛敎思想史』, 1975 ; 金仁德,「僧朗大師 思想學說의 關係資料」,『한국불교학』8, 1983 ; _____,「僧朗의 三論思想」,『哲學思想의 諸問題』2, 1984 ; _____,「高句麗 三論思想展開」,『伽山李智冠스님華甲紀念論叢 韓國佛敎文化思想史』上, 1992 ; 金恒培,「僧朗의 和思想」,『불교학보』15, 1978 ; 金煐泰,「高句麗 僧朗에 대한 再考察」,『한국불교학』8, 1983 ; 高翊晉,「高句麗 僧朗의 三論學과 그 영향」,『韓國古代佛敎思想史』, 동국대학교 출판부, 1989 ; 朴先榮,「고구려 僧朗의 중국 유학과 활동 및 師承관계」,『천태종전운덕총무원장갑기념 불교학논총』, 1999 ; 南武熙,「高句麗 僧朗의 生涯와 그 新三論思想」,『북악사론』4, 1998

정확하게 이루어질 수 있을 것으로 생각된다.

본 장에서는 이러한 문제점들을 생각해보면서 4·5세기대 고구려의 불교가 수용된 이후 점차 전개되는 과정에 대해 당시 정치 사회적 상황과 함께 살펴보고자 한다. 고구려에서 王室을 중심으로 불교가 수용된 이후 점차 확산되는 과정과 교학적으로 발전하였던 모습에 대해서 검토해 보겠다.

1. 王室의 佛敎 受容

기록을 통해 공식적으로 확인되는 고구려 불교 수용 시기는 小獸林王 2년(372)이다.

> A-1. (小獸林王)二年, 夏六月, 秦王符堅, 遣使及浮屠順道, 送佛像·經文. 王遣使廻謝, 以貢方物.
> -2. (同王)四年, 僧阿道來.
> -3. (同王)五年, 春二月, 始創肖門寺省門寺, 以置順道又創伊弗蘭寺, 以此海東佛法之始(『三國史記』권18, 高句麗本紀6).

---

6) 僧朗과 같이 중국에서 활동하였던 승려들에 대한 평가는 양분된다. 먼저 이들을 통해 고구려 불교가 해외로 진출하였고 중국 불교의 발전에 기여했다고 이해하는 의견이 있다. 한편 중국에서 활동했던 승려들은 중국화된 존재들이므로 한국 불교사에 포함시키기가 어렵다는 의견도 있다. 그런데 이러한 의견들 모두 현재의 민족 국가적 시각이 고구려 불교사에 투사된 연구방법에 의해 형성된 것이다. 따라서 중국에서 활동했던 고구려 승려들을 어떻게 평가하고 연구해야 하는가에 대한 논란은 여전히 존재한다. 그러나 고구려 승려들의 국제적 활동을 통해 고구려 불교가 동아시아 불교에 적극 참여했던 모습을 알 수 있다는 점에서 의미가 있으며 앞으로 계속 연구되어야 될 주제라고 생각하였다(김상현, 「中國文獻所載 高句麗 佛敎史 記錄의 檢討」, 『고구려의 사상과 문화』, 고구려연구재단, 2005, pp. 96~98).

그러나 고구려 사회에 실질적인 불교전래는 이미 그 이전부터 이루어졌던 것으로 생각되고 있다. 먼저 東晋시대 高僧 支遁道林(314-366)과 편지를 주고받았던 高句麗 道人의 존재를 통해 알 수 있다.[7] 支遁道林의 편지를 받았던 高句麗 道人은 高僧으로서 생각되고 있다. 따라서 이를 통해 소수림왕대 이전 이미 고구려 사회에 불교가 전래되었을 가능성에 대해 유추되었다.[8]

또한 美川王代(300-330) 불교가 번성하던 後趙와의 교류를 통해서 이미 고구려에 불교가 전래되었을 것으로 생각하였다.[9] 그리고 漢 이래 중국의 영향력 아래 있었던 평양 일대의 낙랑과 재령강 유역의 대방지역을 통해 고구려 사회에 불교가 유입되었을 가능성도 함께 고려되었다. 357년경 제작되었던 안악 3호분의 벽화에 연꽃과 같은 불교적 요소가 표현되었던 사실을 통해 소수림왕 2년, 적어도 4세기 중엽 이전 이미 고구려 사회에 불교가 전해졌던 것으로 생각되고 있다.[10] 그렇기 때문에 소수림왕대 불교가 공식적으로 전래된 이후 고구려 사회의 별다른 반발과 저항 없이 佛寺 창건과 같은 불교 활동이 직극적으로 나타날 수 있었던 것이다.

특히 고구려에서 불교는 소수림왕대 국가 지배체제의 정비과정에서 중요한 역할을 하였다. 고구려에 불교를 전했던 前秦의 符堅王은 불교에 대한 열의가 남달랐고 국가 통치의 방편으로 불교를 보호했다.[11] 따라서 고

---

7) 『梁高僧傳』권4, 竺潛法深傳;『海東高僧傳』권1, 流通1, 亡名
8) 沙門을 道人으로 칭하면서 道敎의 道士와 구별하는 것은 南朝불교의 특징이다(신종원,「6세기 新羅佛敎의 南朝的 性格」,『新羅初期佛敎史硏究』, 민족사, 1992, p. 206). 또한 고구려 道人에게 글을 보냈던 지둔도림과 그가 찬양했다고 하는 竺法深은 격의불교의 대표적 인물로서 고구려 초기 불교에 커다란 영향을 미쳤을 것으로 생각되고 있다(김상현, 앞의 논문, 2005, pp. 74~76).
9) 전호태,「불교의 전생적 내세관 수용과 고분벽화」, 앞의 책, 2000, p. 135.
10) 전호태, 앞의 책, 2000, pp. 135~136 ; 신종원,「한국의 불교 初傳者와 초기 불교의 성격」,『한국고대사연구』44, 2006, pp. 61~67.

구려에서도 국가 통치에 불교를 이용하여 소수림왕대 중앙집권적 귀족국가의 체제를 정비하게 된 것이다. 이것은 불교의 수용과 발전과정에서 고구려 왕실이 중요한 영향을 미쳤던 점을 통해 알 수 있다.[12]

소수림왕대 이후 국내성 지역에는 省門寺와 伊佛蘭寺가 창건되어 順道, 阿道 등과 같은 승려들이 활동하였다. 이 들 초기 사원들은 불교 전래기의 임시적 성격을 지닌 사원들로 생각되고 있다.[13] 평양으로 천도하기 전까지 이 두 사원을 중심으로 고구려의 불교가 전개되었을 것이다.

-4. (故國壤王)九(八年)三月, 下敎崇信佛法求福. 命有司, 立國社, 修宗廟.
-5. (廣開土王)二年 … 創九寺於平壤 (『三國史記』권18, 高句麗本紀6).

故國壤王代에는 불교에 대한 崇信을 下敎하여 불교를 더욱 확산시켰다. 한편 國社를 세우고 宗廟를 수리하게 하였다.[14] 이는 고구려 전통 제의의 정비와 운영의 모습으로서 불교를 장려하며 고구려 재래 신앙에 대한 의식도 함께 정비하였던 것이다.[15]

廣開土王은 적극적인 불교장려정책을 실시하였다. 무엇보다 주목되는 것은 광개토왕이 즉위 초반 평양에 9寺를 창건하였던 사실이다.[16] 이러한

---

11) 김상현, 앞의 논문, 2005, pp. 74~76.
12) 이기백, 앞의 책, 1986, p. 6.
13) 신동하, 앞의 논문, 1988, pp. 11~17.
13) 현재 국내성 동문 밖 500m 거리에 위치하고 있는 東台子 建物址가 省門寺로, 집안역 남쪽에 위치한 石柱 건물지가 伊佛蘭寺로 추정되고 있다(文明大, 「高句麗 初創佛敎寺院 省門寺·伊佛蘭寺의 考察」, 『講座 美術史』 10, 1998, pp. 39~50).
14) 고국양왕 9년조 내용의 실제 연대에 대해서 많은 논란이 있다. 9년조 기사 중 고국양왕의 喪葬에 관한 기사만을 고국양왕 8년의 기사로 보고 다른 내용들은 광개토왕 즉위 2년의 사실로 보았다(李丙燾, 『國譯 三國史記』, 1977, p. 283, 주) 1). 한편 광개토왕 즉위년이 390년이므로 고국양왕의 몰년을 같은 해인 390년으로 보았다. 즉 고국양왕 7년(390) 왕의 喪葬이 이루어졌던 것으로, 나머지 내용은 광개토왕 2년(永樂元年, 391)의 기사로 이해하고 있다(조경철, 앞의 논문, 2004, pp. 8~10).

모습은 광개토왕대 불교정책과 관련된 중요한 사실을 알려준다고 생각된다.[17] 즉 왕실의 주도로 평양에 9寺가 창건되었다는 점이 가장 중요하다.

고구려는 4세기말에서 5세기 초반 평양을 중심으로 한 옛 낙랑·대방지역에 대한 지배력을 강화하였다.[18] 특히 광개토왕대 이 지역에 築城이 이루어지면서 지역편제가 구체적으로 행해졌던 것이다.[19] 그런데 평양은 소수림왕대 이전부터 불교가 유입되어 이에 대한 일정한 이해가 이루어지고 있었던 지역이었다.[20] 이러한 모습은 德興里 壁畵古墳을 통해서 확인된다.

이 고분이 축조된 것은 永樂 18년, 광개토왕 18년(408)이다.[21] 묵서명

---

15) '敬信佛法 尤好淫祀'(『周書』권49, 異域列傳 高麗) ; '信佛法敬鬼神 多淫祀'(『北史』권94, 列傳 高麗)
   이처럼 중국 측 史書에서 佛法과 淫祀를 함께 섬긴다고 기록했던 것은 고구려에서 실제 행해졌던 모습의 영향이었을 것으로 생각하였다(전호태, 앞의 책, 2000, pp. 229~230).
16) 『三國史記』에는 광개토왕 2년으로 기록되어 있지만, 광개토왕 3년의 사실로 수정되어 이해되고 있다(李丙燾, 『國譯 三國史記』, 1977, p. 202 ; 신동하, 앞의 논문, 1988, p. 17).
17) 광개토왕대 행해진 9사 창건은 평양 천도와 밀접한 관계가 있는 것으로 보았다(徐永大, 「高句麗 平壤遷都의 動機-王權 및 中央集權的 支配體制의 强化過程과 關聯하여」, 『한국문화』 2, 1981). 한편 이러한 사찰이 건립되었던 목적은 당시 백제와의 관계와 관련하여 불교의 호국적 성격을 강조하기 위함이었던 것으로 보았다(신동하, 앞의 논문, 1988, pp. 17~27).
18) 孔錫龜, 「樂浪·帶方郡 故地의 高句麗 歸屬」, 『高句麗 領域擴張史 硏究』, 서경문화사, 1998, p. 191.
19) 광개토왕 3년에 축성된 성들은 대체로 황해도 방면에 설치된 것으로, 동왕 18년에는 한강 상류지역과 동해안 지역에 축성이 이루어졌던 것으로 생각되고 있다(노태돈, 「영역국가체제의 형성과 대외관계」, 『고구려사연구』, 사계절, 1999, pp. 281~282).
20) 전호태, 앞의 책, 2000, p. 136.
21) 덕흥리 고분은 묵서명을 통해 그 축조시기를 알 수 있는 고구려 고분 중의 하나이다. 영락 18년 戊申年 12월 25일에 墓主를 안장하여 다음 해 己酉年 2월 묘실을 폐쇄하였다(한국고대사회연구소편, 『譯註 韓國古代金石文』1권, 1992, p. 76).

을 통해 알 수 있듯이 고분의 주인공인 鎭은 釋迦文佛의 제자로 지칭되고 있어 그가 독실한 불교신자였던 것으로 생각되고 있다. 또한 鎭은 왕의 측근신료인 中裏都督으로서 광개토왕을 대신하여 평양지역의 사원창건과 관련된 地鎭祭儀式인 七寶行事圖를 주관하였던 것으로 추측된다.[22] 이처럼 광개토왕이 재위 초반 평양에 다수의 사원을 창건했던 것은 이미 그 지역에 전해졌던 불교를 이용하여 평양 지역의 민심을 수습하고 직접적인 통치력을 강화시켜 나가려 했던 모습을 잘 보여주는 것이라 하겠다.

이러한 광개토왕의 불교정책은 요동지방에 대한 통치에서도 나타난다.

B. 三寶感通錄載, 高麗遼東城傍塔者, 古老傳云 昔高麗聖王, 按行國界次, 至此城 … 因生信, 起木塔七重, 後佛法始至, 具知始末. 今更損高, 本塔朽壞, 育王所統一閻浮提洲, 處處立塔, 不足可怪 …(『三國遺事』권3, 塔像4, 遼東城育王塔).

위의 기사는 高句麗 聖王에 의해 요동성에 佛塔이 건립되었다는 내용이다. 佛塔을 건립한 聖王의 존재에 대해 東明聖王, 故國壤王, 廣開土王으로 생각되고 있다. 그런데 요동지역은 광개토왕대에 확보되었다고 한다.[23] 따라서 고구려가 요동지역을 확보한 시기와 광개토왕대 행해진 일련의 불교정책 등을 연관시켜본다면 聖王은 광개토왕으로 생각할 수 있을 것이다.[24]

---

22) 이문기, 앞의 논문, 1999, p. 239.
23) 노태돈, 앞의 책, 1999, pp. 282~284. 보다 구체적으로 고구려의 요동지방 확보는 고국양왕 2년(385)의 요동·현도군 침입 이후부터 광개토왕 11년(402) 사이에 이루어졌던 것으로 생각되었다(공석구, 앞의 책, 1998, p. 47).
24) 동명성왕이 聖王일 가능성에 대해서는 일연이 시기적인 고증을 통해 이미 비판하였다(『三國遺事』권3, 塔像4, 遼東城育王塔). 그리고 고국양왕일 가능성은 요동지역이 고국양왕 2년 확보되었다는 점과 同王代 佛法崇信에 대한 교서가 내려졌다는 점을 통해 유추되었다(김선숙, 「삼국유사 요동성육왕탑조의 성왕에 대한 일고」, 『신라사학보』 1, 2004). 그러나 이러한 의견에 대해 고국양왕대 요동확보기간

즉 광개토왕이 요동지역을 새롭게 확보하고 이 지역에 佛塔을 건립하였던 것이다.25) 佛塔이 조성되었던 것은 같은 지역에 사원이 창건되었을 가능성을 알려주는 것으로 생각된다. 그렇다면 광개토왕은 평양뿐만 아니라 요동지역에도 사원을 건립하였던 것이다. 이처럼 광개토왕대부터 새롭게 고구려의 영토로 확보하여 통치되던 지역들에 사원들이 창건되면서 이미 국내성에 창건된 2개의 사원 외에 점차 사원의 숫자가 증가하였던 것이다.

사원이 증가함에 따라 승려들의 수도 늘어나게 되었을 것으로 생각된다. 사원과 승려의 확대와 관련해서 광개토왕대에 요동지방에서 활동했던 승려 曇始가 주목된다. 曇始는 東晋 孝武帝 太元年間(376-396)에 經典과 律典 수십 부를 가지고 요동에 와서 佛法을 펴고 교화하였고 義熙年間(405-418)에 귀국하였다.26) 曇始가 요동지역에서 활동했던 장소는 광개토왕에 의해 佛塔이 조성된 사원이었을 것으로 생각된다.27)

특히 曇始의 활동 가운데 三乘의 敎를 가르쳐 三歸五戒의 법을 세웠다는 점이 주목된다. 즉 曇始는 戒律에 의거하여 傳法활동을 펼쳤던 것으로 그가 가져온 계율은 受戒하는 데 필요한 戒本과 수계 작법인 羯磨法으로

    이 5개월로 탑을 건립하기에는 너무 촉박하였고 佛法崇信에 대한 교서가 발표된 시기가 광개토왕대였다는 점을 통해 성왕을 광개토왕으로 생각하였다(文明大, 「高句麗 佛塔의 考察」, 『역사교육논집』 5, 1983, pp. 61~62 ; 조경철, 앞의 논문, 2004, p. 12).

25) 평안남도 순천군 용봉리에서 발견된 遼東城塚의 벽화인 遼東城圖 가운데 탑으로 확인되는 건물이 고려 성왕이 조성한 요동성탑으로 생각되고 있다(문명대, 앞의 논문, 1983, pp. 58~62).

26) 『梁高僧傳』권10, 曇始傳 ; 『海東高僧傳』권1, 流通1, 曇始 ; 『三國遺事』권3, 興法3, 阿道基羅

27) 曇始가 격의불교에서 벗어난 새로운 불교경향을 고구려에 전했다는 점에서 그를 고구려 불교의 초전자로 인식되었던 것으로 생각하였다. 즉 曇始는 소수림왕대 順道와 阿道 이후 변화된 중국 불교경향을 고구려에 전했을 것으로 생각된다. 道安(314-385)이 성립했던 격의불교에서 벗어나 경전에 의거하여 반야사상을 이해하는 새로운 불교경향을 전하였을 것으로 보았다(김영태, 앞의 책, 1990, pp. 314~315 ; 남무희, 앞의 논문, 1997, p. 53 ; 김상현, 앞의 논문, 2004, 5).

생각된다.[28] 이러한 담시의 수계법에 의해 승려 출가가 본격화되어 敎團이 보다 확대되었고, 계율을 통해 점차 증가하던 승려들을 직접 통제하였을 것으로 생각된다.[29]

이처럼 광개토왕은 새로 확보한 지역들을 효과적으로 통치하고 민심을 수습하기 위하여 佛法에 의지하였고 그에 따라 불교를 적극 장려하였나.[30] 그리하여 광개토왕대 사원들이 다수 창건되었고 그 곳에서 활동하던 승려들의 수가 전대에 비해 증가되었을 것으로 생각된다.

한편 長壽王 15년(427) 평양 천도를 계기로 고구려 불교는 이전과는 다른 변화의 모습을 보였을 것으로 생각된다. 古代社會에서 遷都는 고도의 정치행위로서 이를 계기로 대내외적인 변화가 진행된다. 遷都로 인해 국제 관계의 변화, 정치체제의 정비, 지배세력의 교체, 중국 都城制의 수용과 같은 정치적·사회적·외교적 측면의 다양한 변화가 나타났던 것으로 이해되고 있다.[31] 즉 고구려에서도 평양 천도로 인해 사회제반분야의 변화가 진행되었고 불교계 역시 전과는 다른 새로운 변화가 나타났을 것으로 생각된다. 평양 遷都와 불교는 밀접한 관련을 맺고 있는데 광개토왕 대부터 평양에 9寺가 창건된 사실을 통해 잘 알 수 있다. 그리고 천도 이후 평양을 중심으로 고구려 불교가 본격적으로 발전하였던 것으로 생각된다.

사상적 측면에서도 천도를 전후로 한 시기에 새로운 경향이 나타났던 것으로 생각된다. 광개토왕대 담시가 요동에서 佛法을 전하며 교화하였는

---

28) 曇始는 大小乘의 경전을 함께 가져와 전했을 것으로 생각된다. 그러나 담시가 요동에 전래했던 계율을 조금 더 구체적으로 생각해본다면 당시 중국 불교계의 상황과 마찬가지로 僧祇律과 四分律의 戒本과 갈마에만 의거하던 제대로 갖추어지지 못했던 계율로 생각되고 있다(蔡印幻, 앞의 논문, 1991, pp. 86~92).
29) 목정배, 「고구려불교의 신장」, 『三國時代의 佛敎』, 동국대출판부, 1989, p. 8.
30) 조경철은 광개토왕의 永樂연호가 '永遠한 樂土', '영원한 法의 즐거움' 과 같은 불교적 의미를 뜻하는 것으로 보았다(앞의 논문, 2004, pp. 10~11). 즉 영락연호에는 불교를 통한 광개토왕의 국가통치 이념이 반영되어 있다고 하였다.
31) 김영하, 「古代 遷都의 역사적 의미」, 『한국고대사연구』 36, 2004, pp. 13~16.

데 이때 담시가 전래한 것이 道安(312-385)에 의해 확립된 새로운 중국 불교계의 경향이었을 것으로 생각되고 있다.[32] 즉 道安의 불교사상은 처음 전래된 격의불교적 성향에서 벗어나 경론의 연구 및 실천수행에 전력하는 불교 본연의 모습을 보여주었던 것이다.[33] 이처럼 담시에 의해 전해진 새로운 중국 불교는 천도 이후에 계속 영향을 주었을 것으로 생각된다. 따라서 평양 천도를 중심으로 고구려 불교계는 이전과 다른 변화를 보여주었을 것으로 생각된다.

평양 지역에는 천도 이전 이미 9寺가 창건되었다. 광개토왕대 왕의 주도로 창건되기 시작한 이들 사원들은 장수왕대 모두 완공되었을 것으로 생각된다.[34] 특별히 9개의 사원이 창건된 것은 의미가 있을 것으로, 광개토왕과 장수왕은 이 지역을 佛舍로 둘러싸여 부처의 보호를 받는 王都로서 인식하였던 것으로 생각된다.[35]

천도한 이후에도 평양지역에는 사원이 계속 창건되었다. 기록을 통해 알 수 있는 사원으로는 문자왕대 金剛寺와 고구려 말 普德이 창건한 靈塔寺[36] 등이 확인된다. 또한 발굴조사를 통해 확인된 평양 일원의 寺址로서 淸

---

32) 김영태, 앞의 책, 1990, p. 314.
33) 呂澂 著, 각소 譯, 「반야사상의 연구」, 『중국불교학 강의』, 민족사, 1992, p. 94 ; 김영태, 앞의 책, 1990, p. 314.
34) 광개토왕 2년 사원창건 기사는 평양지역에 9개의 사찰을 창건하기 시작했다는 의미로(신동하, 앞의 논문, 1988, p. 17), 또는 광개토왕대 이루어진 평양지역의 계속된 사찰건립을 왕 2년조에 일괄하여 기록한 것일 수도 있다고 하였다(이문기, 앞의 논문, 1999, p. 238).
35) 전호태, 앞의 책, 2000, pp. 139. 9寺는 중앙과 8방의 개념으로 이해되고 있다(조경철, 앞의 논문, 2004, p. 12). 한편 인도의 세상 구성설에 나타난 산과 바다의 총수를 가리키는 9山 8海의 개념에서 9寺를 창건했던 것이 아닌가 생각된다. 9山 8海는 이 세상을 가리키는 개념으로 須彌山을 중심으로 그 둘레에 8개의 산들이 둘러싸여 있고 산과 산 사이에 바다가 있는 것으로 생각하였다(『佛敎辭典』, 東國譯經院, 1961, p. 77). 즉 9사 창건을 통해 평양을 佛法으로 가득 찬 세계로 인식하였던 것이 아닌가 생각된다.

巖里寺址, 定陵寺址, 上五里寺址, 元五里寺址 등이 있다.[37] 그리고 延嘉七年銘金銅如來立像의 銘文을 통해 확인되듯이 樂良東寺도 평양에 있었던 사원으로 생각된다. 이처럼 평양 천도 이후 계속적으로 창건된 사원들을 중심으로 고구려 불교는 본격적으로 발전해나갔던 것이다.

  C. (文咨明王)七年 春正月 立王子興安爲太子 秋七月 創金剛寺(『三國史記』권9, 高句麗本紀 7).

 평양지역에서 발굴된 寺址 중 淸巖里寺址지가 文咨王 7년(498) 창건된 金剛寺址로 생각되고 있다. 이 곳에서는 중문, 8각의 木塔址, 금당, 강당과 동서 兩殿의 건물터가 확인되었다. 금강사에 조성된 탑은 고구려에서 일반적으로 조성되던 8각의 다층 木塔이었을 것으로 생각된다.[38] 고구려에서 이러한 형식의 목탑이 조성되기 시작한 것은 4세기 후반에서 5세기 초반에 이르는 시기부터였다. 즉 당시 고구려의 대외적 팽창과 밀접한 관련이 있는 것으로 보았다.[39]

 이러한 高層의 佛塔건립은 佛塔信仰으로 형상화된다. 즉 공력을 통해 부처의 힘을 빌어 국가를 보호하고 대외적으로 국력의 신장을 꾀하고자 했던 것이었다. 그리고 佛塔신앙이 釋迦신앙과 관련된다는 점에서 대내적으로는 고구려 왕실에서 왕권강화를 도모하고자 하였던 것으로 생각된다.[40]

---

36) 『三國遺事』권4, 塔像4, 高麗靈塔寺
37) 文明大,「元五里寺址塑造佛像의연구─高句麗千佛像과 관련하여」,『고고미술』 150, 1981 ; 신동하, 앞의 논문, 1988, pp. 22~25 ; 金正基,「高句麗 定陵寺址 및 土城里寺址 發掘調查報告概要와 그 考察」,『불교미술』 10, 1991. 그런데 이처럼 평양지역에서 발굴된 사원들과 평양에 창건되었던 9寺가 서로 일치하는 지는 정확히 알 수 없다.
38) 문명대, 앞의 논문, 1983, pp. 63~64 ; 신동하, 앞의 논문, 1988, pp. 22~25.
39) 신동하, 앞의 논문, 1988, p. 27.
40) 황룡사 9층탑의 건립배경을 통해 잘 살펴볼 수 있다(李基白,「皇龍寺와 그 創建」, 앞의 책, 1986, pp. 71~72).

위의 내용과 같이 문자왕이 태자를 책봉한 후 금강사가 창건되었던 사실을 통해 이러한 모습을 확인해 볼 수 있을 것이다.

평양지역의 사원에는 親王的 불교세력들이 존재하여 왕실과 밀접한 관련을 맺고 활동하였을 것이다. 그런데 장수왕대 활동하였던 승려들의 흔적을 찾기는 쉽지 않다. 먼저 고구려가 475년 백제를 공격할 때 백제에서 첩자로 활약한 道琳의 존재가 주목된다.[41] 도림의 활동으로 인해 백제는 고구려의 공격에 제대로 대항하지 못 한 채 한성이 함락당했고 개로왕은 비참하게 죽음을 맞이하였다. 그런데 백제 개로왕이 고구려 승려인 도림을 중용하였던 이유는 무엇일까. 물론 도림이 바둑에 능했다는 점이 중요한 원인일 것이다. 그러나 또 다른 이유를 생각해 볼 수 있다.

개로왕은 당시 지배세력이었던 解氏세력을 견제하려고 하였다. 그런데 해씨세력은 남조불교의 사상적 영향을 받았던 불교세력으로 생각되고 있다. 그래서 개로왕은 해씨세력을 중심으로 운영되던 불교계를 견제하기 위해 고구려 승려 도림을 중용하였던 것으로 유추된다. 즉 도림을 통해 '王卽佛' 전통의 북조불교를 받아들였던 것으로 생각되고 있다.[42] 이처럼 백제에서 활동했던 도림의 모습을 통해 고구려 불교가 백제 불교계에 영향을 미쳤음을 알 수 있다.[43]

장수왕대 활동하였던 또 다른 승려로는 僧朗이 있다. 僧朗은 동왕 50년(462) 이후 北地로 求法을 떠나기 전까지 요동지역에서 활동하였다.[44] 한편 외국 승려인 曇超(418-492)가 요동지역으로 건너와 활동하였다.[45] 담초

---

41) 『三國史記』권25, 百濟本紀3, 蓋鹵王 21년조.
42) 조경철, 「百濟佛敎史의 展開와 政治變動」, 한국학중앙연구원 한국학대학원 박사학위논문, 2005, pp. 57~61.
43) 이러한 도림의 활동으로 결국 백제 불교계 내부의 분열과 교단운영의 변화를 가져오게 되었고, 이후 웅진시기 겸익의 율장번역으로 그러한 모습이 정비되었다(조경철, 앞의 논문, 2005, p. 61).
44) 남무희, 앞의 논문, 1998, p. 54.

는 장수왕 67년(479) 齊의 太祖가 보낸 사신을 따라 고구려에 왔다가 요동에서 禪道를 弘讚하며 南朝佛敎를 전하였을 것으로 생각되고 있다.[46]

한편 평양 천도 이후 국내성 지역의 불교계에는 어떠한 변화가 나타났을 것인지 생각해보아야 할 것 같다. 천도 이전에는 국내성의 성문사와 이불란사를 중심으로 고구려의 불교가 전개되었을 것이다. 그러나 친도 이후 성문사와 이불란사의 위상과 기능에 변화가 나타났을 것으로 생각된다. 초기 불교전래기의 임시적 성격을 지닌 이들 사원들의 명칭이 興國寺와 興福寺와 같이 국가의 부강과 왕실의 안녕을 구하는 사원의 명칭으로 개칭되었을 가능성이 크며 천도와 더불어 평양지역으로 이전되었을 것으로 생각되고 있기 때문이다.[47] 즉 천도로 인해 고구려 불교의 중심지는 평양지역으로 이전되었다.

그런데 천도 이후에도 국내성지역에 축조된 고분들의 내용에 불교적 요소가 적극적으로 반영된 점이 주목된다. 이것은 천도 이후 일정한 기간까지 불교 수용과 확산을 주도했던 고구려의 왕실 및 귀족세력들의 기반이 국내성 지역에서 유지되었던 것으로 적어도 6세기대까지 국내성 지역에서 불교계의 활동이 계속 이루어졌을 것으로 생각된다.[48]

이처럼 평양천도를 전후한 시기 고구려 불교가 발전하였던 모습은 5세기대 집중적으로 조성된 연꽃 장식 고분벽화를 통해 확인된다. 이 시기 고분벽화에 표현된 연꽃문양은 불교의 轉生的 來世觀이 표현된 것이었다. 즉 고구려 전래의 繼世的 來世觀 대신 佛敎的 來世觀이 고구려 사회 來世觀의 중심적 역할을 하였던 것이다.[49] 가장 보수적이라 할 수 있는 죽음과 관련

---

45) 『高僧傳』권11, 釋曇超傳
46) 남무희, 앞의 논문, 1998, pp. 52~53 ; 신종원, 앞의 논문, 2006, p. 67.
47) 신동하, 앞의 논문, 1988, pp. 11~17. 한편 성문사와 이불란사는 그대로 국내성에 존재하고 있었고 그 기능만이 평양의 흥국사, 흥복사로 이전하였던 것으로 생각되기도 한다(문명대, 앞의 논문, 1998, p. 38).
48) 진호태, 앞의 책, 2000, pp. 224~231.

된 사람들의 인식을 불교적으로 변화시킬 만큼 고구려 사회에 불교가 널리 영향을 미치고 있었던 것이다.

고구려에서 불교가 수용된 이후 적극적으로 받아들여졌던 것은 국가의 체제 정비과정에서 왕실과 귀족세력들의 필요에 의해서였다. 먼저 불교는 왕실과 밀접한 관계를 맺고 국가보호와 왕실의 안녕과 강화를 기원하였다. 그리고 業說과 因果論과 같은 교리적 내용이 求福의 구체적인 이론으로 작용하여 고구려 사회 각 신분계층의 현실인식을 논리화시켜 고구려 사회 및 국가 발전에 일정한 영향을 미쳤던 것이다.[50]

한편 고구려에는 불교 이외에 국가통치의 이념으로서 역할을 하던 다른 사상들이 존재하였다. 5세기대 고구려 중심의 天下觀이 형성되었는데 이를 통해 확인해 볼 수 있을 것 같다. 천하관은 새롭게 고구려 영토가 된 지역을 지배하는 데 있어 논리적인 정당성을 제공하였다.[51] 고구려의 天下觀은 동명 신화를 기반으로 하는 神話의 天下觀과 儒敎의 天下觀, 佛敎的 天下觀이 합쳐져 형성되었던 것으로 생각된다.[52] 즉 불교뿐만 아니라 고구려 전통신앙과 유교 등이 고구려 통치 질서의 이념역할을 하였던 것이다.[53]

그렇지만 불교 수용 이후 고구려 왕실은 새로운 사상인 불교에 보다 더 관심을 갖고 적극적으로 후원하였던 것으로 생각된다. 즉 이 시기 불교는

---

49) 전호태, 앞의 책, 2000, pp. 228~231.
50) 전호태, 앞의 책, 2000, pp. 136~140.
51) 노태돈, 「5세기 金石文에 보이는 高句麗人의 天下觀」, 『한국사론』 19, 1988 ; 앞의 책, 1999, pp. 356~391.
52) 梁起錫, 「4-5世紀 高句麗 王者의 天下觀에 對하여」, 『호서사학』 11, 1983 ; 조경철, 앞의 논문, 2004.
53) 5세기 들어 주몽신앙이 확산되며 그에 따라 국가주도 제의가 체계화되었다. 고국양왕대 國社를 세우고 宗廟를 수리하게 하였던 것을 통해 확인할 수 있다(전호태, 앞의 책, 2000, pp. 138~139). 한편 이러한 모습이 연호의 사용과 같은 유교적인 영향으로 생각되기도 한다(조경철, 앞의 논문, 2004, pp. 14).

통치이념의 한 부분으로 왕권강화를 통한 국가지배 질서의 정당성을 주장하며 사회 각 신분계층의 현실인식을 체계화하는 데 도움을 주는 사상으로 인식되어 왕실 및 귀족세력과 깊은 관련을 맺었던 것이다.

2. 敎學佛敎의 발전

평양 천도 이후 高句麗 佛敎가 발전하였던 것은 敎學的 측면의 발전과도 밀접한 관련을 맺고 있는 것으로 생각된다. 高句麗의 佛敎敎學이 발전할 수 있었던 것은 중국의 발전된 불교교학이 고구려에 전해졌기 때문으로 생각된다. 중국 불교가 格儀佛敎的 단계를 벗어나게 되었던 것은 鳩摩羅什(304-413)에 의해서였다. 즉 老莊思想과 구분하여 본격적으로 般若思想을 이해하게 된 것은 鳩摩羅什이 5세기 초반 龍樹·提婆의 大乘論을 번역하여 大乘中觀學을 전래하면서부터였다.[54]

한편 東晉 말기에서 劉宋에 걸쳐 鳩摩羅什이 전한 空觀佛敎와는 다른 새로운 대승경전들이 전해졌다. 바로 『華嚴經』과 『涅槃經』으로 이들 경전에서 毘盧舍那佛과 佛性을 설하였다. 이것은 空思想의 수용을 위주로 했던 중국 불교계에 큰 충격을 주었다. 이후 남북조 불교계에서는 法身과 佛性의 수용과 이해에 대한 많은 연구가 진행되었다.[55]

이러한 중국 불교계의 발전적 경향이 고구려에 전해져 고구려 불교도 점차 격의불교에서 벗어나게 되었다. 광개토왕대 요동으로 건너와 활동했던 曇始에 의해 당시 道安이 확립했던 새로운 불교경향이 고구려에 전해졌던 것으로 생각된다.[56] 그리하여 5세기 이후 고구려에서 본격적으로 중관

---

54) 여징, 앞의 책, 1992, pp. 140~142.
55) 鎌田茂雄 著, 章輝玉 譯, 『中國佛敎史-南北朝의 佛敎(上)』, 장승, 1996, p. 13.

학파에 속하는 三論宗에 대한 이해와 연구가 이루어졌던 것으로 생각되는데, 僧朗을 통해 확인할 수 있다.

고구려 불교사와 관련된 주제 중에서 僧朗에 대한 연구는 많은 비중을 차지하고 있다.[57] 그 이유는 무엇보다 고구려 승려인 僧朗이 중국 三論宗의 발전에 중요한 역할을 했던 것으로 높이 평가받았다는 점일 것이다. 또한 중국 三論宗의 교학을 검토하여 僧朗의 사상적 측면을 살펴보는 것이 가능했다는 점에서 적극적인 연구가 이루어졌던 것으로 생각된다.

그런데 정작 僧朗과 그의 사상이 高句麗 佛敎史에서 차지하고 있는 의미에 대해서는 명확히 밝혀내지 못했던 것 같다. 왜냐하면 僧朗은 대부분 중국에서 활동하였고 그의 사상적 계보가 중국 승려들에게 계승되었기 때문에 고구려 불교와의 직접적인 연관성을 이야기하기 어려웠던 것으로 생각된다. 그러나 僧朗에 의해 발전된 중국 三論宗이 이후 고구려 불교계에 중요한 영향을 주었을 것으로 생각된다.

> D. 法度에게는 弟子 僧朗이 있어 先師의 발길을 이어 다시 山寺에 기강을 세웠다. 僧朗은 본래 遼東사람으로 널리 배우고 생각하는 힘이 두루 해박하여 모든 經과 律을 講說할 수 있었으며, 『華嚴經』과 三論은 그가 가장 대가의 위치에 있었다. 그리하여 今上 陛下께서 깊이 그릇이라고 보고 존숭하여 모든 불교 교리를 공부하는 승려들에게 명령하여 그 산에서 수업하게 해 주었다(『高僧傳』권8, 釋法度傳).

僧朗은 요동성에서 출생하였다. 장수왕 50년 이후 중국 北地로 求法을 떠났던 것으로 생각된다. 이후 劉宋말년(420-479), 장수왕 60년 경 강남으로 내려가 會稽山에 머물며 설법하다가 齊나라 初(480년경) 鐘山 草堂寺가 개창되자 그 곳으로 옮겨 주석하였다. 그 후 永明 7년(489) 攝山 棲霞寺가

---

56) 김상현, 앞의 논문, 2005, pp. 77~79.
57) 僧朗에 대한 연구 성과는 주) 5 참조.

완성되어 자신의 스승인 法度가 그 곳에 주석하자 僧朗 또한 주석하였고, 법도가 입적하자(500) 그를 계승하여 山寺를 다스렸다. 그 곳에서 僧朗은 天監 12년(519) 梁武帝가 보낸 전국의 유명한 十僧을 교육시켰고 그 중 僧詮을 제자로 삼았다.[58]

僧朗은 般若·華嚴 등 大乘佛敎의 요의에 정통하였고 특히 三論宗의 제 一인자로 평가받고 있다.[59] 또한 중국 三論宗을 새롭게 부흥시킨 인물로서 추앙받고 있다. 이처럼 三論宗의 발전에 僧朗이 중요한 역할을 하였기 때문에 중국 三論宗의 대성자인 吉藏(549-623)이 僧朗을 높이 평가하였던 것으로 생각된다. 즉 중국 三論宗은 僧朗 이후 僧詮과 法朗을 거쳐 吉藏에 이르러 부흥하였던 것이다.

三論宗은 古三論과 新三論으로 구분된다. 그 중 僧朗 이후부터를 新三論으로 보고 있다.[60] 三論宗은 『中論』, 『十二門論』, 『百論』을 소의의 論으로 하여 성립한 학파로서 모든 존재는 緣起할 뿐이고 독자적인 존재성은 없다고 보아 특히 空을 강조하였다. 삼론종의 교설은 破邪顯正, 眞俗二諦, 八不中道의 三科를 기본으로 하여 구성되었다.[61] 차별적인 현상세계를 부정하여 참다운 실재, 즉 본체는 인간의 인식을 초월한 것이라고 주장하였는데 이러한 삼론종의 주요 교설의 기반을 마련한 것이 바로 僧朗이었던 것이다.[62]

중국 三論宗은 6세기 후반부터 한 세기동안 성행하였다. 僧朗은 求法 후 고구려로 귀국하지 않았지만 그가 발전시킨 三論思想이 당시 고구려 불교에 미친 영향은 상당하였을 것이다. 즉 6세기대 이후 고구려에서 三論宗

---

58) 高翊晉, 「三國時代 大乘敎學에 대한 硏究」, 『古代韓國佛敎敎學硏究』, 민족사, 1989, pp. 16~21 ; 남무희, 앞의 논문, 1997, pp. 63~64.
59) 김상현, 앞의 논문, 2005, p. 83.
60) 鎌田茂雄 著, 鄭舜日 譯, 『中國佛敎史』, 경서원, 1985, p. 165.
61) 鎌田茂雄, 앞의 책, 1985, pp. 166~167.
62) 고익진, 앞의 논문, 1989, pp. 28~41.

에 대한 관심이 높아지고 그에 대한 연구가 이루어졌던 것으로 생각된다. 그러한 모습은 이 시기 三論宗과 관련된 고구려 승려들의 활동을 통해 알 수 있다.

陳 멸망 전후시기에 중국에서 활동하였던 고구려 승려 實法師와 印法師는 三論宗과 관련이 있다. 隋 開皇 초(581-600, 평원왕 말) 印法師는 蜀에 들어가 三論을 강의하였다.63) 實法師는 601년부터 3년 동안 대승경론을 강의했는데, 敏傳(579-645)과 慧持(581-633) 등과 같은 승려들이 實法師로부터 三論을 배웠다고 한다.64) 이처럼 僧朗과 實法師·印法師 등과 같은 고구려 삼론 승려들이 江南에서 활약하였던 모습은 주목할 만하다.65)

高句麗 求法僧들의 三論宗에 대한 전통은 嬰陽王代·榮留王代 활동하였던 慧灌, 道登 등을 통해서도 확인된다. 慧灌은 隋에 건너가 吉藏 문하에서 三論을 수업했다. 그리고 推古 33년(625)에 일본으로 건너가 삼론을 강의하였다.66) 道登은 推古末(628) 唐으로 건너가 역시 吉藏 문하에서 三論을 배우고 舒明 初(629) 일본으로 가서 三論을 강의하였다.67)

중국과 일본 등지에서 이들 高句麗 三論宗 승려들이 활동하였던 시기는 6세기대 이후였다. 고구려 승려들이 본국으로 귀국했는지의 사실을 알려주는 자료는 거의 없다. 따라서 이 들 승려들을 통해 활동 당시의 고구려 내부 불교계 모습을 직접적으로 살펴보기는 어려울 것으로 생각된다. 그러나 기록을 통해 단편적으로나마 확인되는 고구려 승려들 중 상당수가 三論宗과 관련이 있다는 점에서 6세기대 이후 고구려에서 三論宗이 널리 연구되었을 것으로 생각된다.

---

63) 『續高僧傳』권15, 釋靈睿傳
64) 『續高僧傳』권14, 釋慧持傳 ;『續高僧傳』권15, 釋法敏傳.
65) 김상현, 앞의 논문, 2005, pp. 82~86.
66) 『本朝高僧傳』권1,『大日本佛敎全書』권102.
67) 『本朝高僧傳』권72,『大日本佛敎全書』권103

한편 6세기에 접어들면서 三論宗뿐만 아니라 기타 佛敎敎學에 대한 연구가 활발히 진행되었던 것으로 생각된다.[68] 平原王代 義淵은 北齊에 求法하여 地論宗을 받아들이고 고구려에 이를 소개하였다.[69] 그리고 6세기 후반 波若는 천태산에서 天台를 연구하였다.[70] 또한 소승불교학파인 說一切有部도 연구되었는데 智晃이 楊都 道場寺에서 이를 연구하였던 것으로 알려져 있다.[71] 그리고 중국 禪宗 5조 弘忍(601-674)의 문하에서 활동하던 10대 제자들 중에는 고구려 승려인 智德이 포함되어 있었다.[72]

지금까지 살펴보았던 고구려 승려들의 활동을 통해 알 수 있듯이 중국 불교계에서 나타났던 다양한 敎學들이 시간적 차이가 거의 없이 고구려에 전해져 연구되었던 것으로 생각된다. 즉 고구려 불교는 수용된 이후 발전하는 중국 불교의 영향을 계속 받아 점차 격의불교 단계에서 벗어나게 되었고 불교 자체에 대한 이해가 심화되었다. 그래서 文咨王代(492-518)부터 고구려에서도 본격적인 敎學의 연구가 진행되었던 것으로 생각된다.[73]

---

(68) 김상현, 앞의 논문, 2005, pp. 79~92.
(69) 『海東高僧傳』권1, 釋義淵傳
(70) 『續高僧傳』권17, 釋智越傳, 附傳 波若
(71) 『續高僧傳』권18, 釋曇遷傳
(72) 『楞伽師資記』
(73) 安啓賢, 「高句麗佛敎의 展開」, 『韓國佛敎思想史硏究』, 동국대출판부, 1983, pp. 1~7.

제 2 장
6세기대 佛敎敎團의 정비

高句麗에서 佛敎는 수용 이후부터 왕실의 적극적인 후원을 받아 성장하였다. 또한 文咨王代부터 敎學의 연구가 본격적으로 진행되면서 佛敎敎學의 이해수준이 이전보다 발전하였다. 그래서 6세기대 들어 고구려 불교는 이전보다 더욱 발전하였던 것으로 생각된다. 이 시기 축조되었던 古墳壁畵와 중국의 영향에서 벗어나 고구려 독창적인 양식으로 조상되었던 佛像들의 모습을 통해 잘 알 수 있다.

한편 6세기대 들어 고구려에서는 대내외적으로 변화가 나타나게 되었다. 귀족세력의 분열과 대립으로 인해 정치운영체제가 변화하였고 대외관계에 있어서도 점차 위기상황이 고조되고 있었던 것이다. 이러한 고구려의 정치적·사회적인 변화로 인해 불교계 역시 영향을 받았을 것으로 생각된다. 무엇보다 敎團내부의 혼란과 분열이 나타났던 것으로 생각된다.

6세기대 들어 나타났던 고구려 불교계의 혼란스런 모습을 살펴볼 수 있는 구체적인 자료는 많지 않다. 그렇지만 陽原王代 新羅로 이주한 惠亮의 활동을 통해 그러한 상황을 살펴볼 수 있을 것으로 생각된다. 고구려 승려 惠亮은 眞興王代 신라 僧官制를 정비하였고, 당시 신라 불교발전에 중요한 역할을 하였기 때문이다. 따라서 惠亮의 활동을 검토해보면 陽原王代를 중심으로 한 시기 고구려 불교계의 동향에 대한 이해가 이루어질 수 있을 것으로 생각된다.

그러나 高句麗 佛敎史와 관련된 연구에서 惠亮에 대한 본격적인 검토는 이루어지지 못하였다. 다만 惠亮이 신라로 건너간 후 행했던 활동을 중심으로 신라 僧官制와 眞興王代 신라 불교 동향에 대한 연구들에서 단편적으로 언급되었을 뿐이다.[1] 그 원인은 무엇보다 惠亮의 활동을 살펴볼 수 있는 자료가 너무나 부족하기 때문일 것으로 생각된다.

그렇지만 惠亮이 신라로 이주한 이후 활동을 당시 신라 및 중국 불교계의 동향과 관련하여 함께 고찰해보면 고구려 불교에 대한 보다 많은 내용을 살펴볼 수 있을 것으로 생각된다. 즉 惠亮을 통해 高句麗 僧官制의 존재와 6세기대 들어 나타났던 고구려 佛敎敎團의 변화에 대해 검토해 볼 수 있을 것으로 생각된다.

6세기대 발생하였던 정치적 변화로 인해 陽原王代 佛敎敎團 내부에 상당한 변화와 혼란이 나타났던 것을 알 수 있다. 그러나 平原王이 즉위한 이후 고구려 정국이 점차 안정되면서 敎團 내부의 변화를 해결하기 위해 여러

---

1) 李弘稙,「新羅僧官制와 佛敎政策의 諸問題」,『白性郁博士頌壽紀念佛敎學論文集』, 1959 ; _____,『韓國古代史의 硏究』, 1971 ; 邊善雄,「黃龍寺 9層塔誌의 硏究—成典과 政法典 問題를 中心으로」,『國會圖書館報10-10, 1971 ; 李成市,「新羅中代의 國家와 宗敎」,『東洋史硏究』42-3, 1983 ; 李泳鎬,「新羅中代 王室寺院의 官寺的 機能」,『韓國史硏究』43, 1983 ; 蔡尙植,「新羅統一期의 成典寺院의 構造와 機能」,『釜山史學』8, 1984 ; 李基白,「皇龍寺와 그 創建」,『新羅思想史硏究』, 일조각, 1986 ; 李銖勳,「新羅 僧官制의 成立과 機能」,『부대사학』14, 1990 ; 정병삼,「통일신라 금석문을 통해 본 僧官制度」,『國史館論叢』62, 1995 ; 南東信,「慈藏의 敎團 정비와 僧官制」,『불교문화연구』4, 1995 ; _____,「新羅의 僧政機構와 僧政制度」,『韓國古代史論叢』9, 2000 ; _____,「新羅 中古期 佛敎治國策과 皇龍寺」,『皇龍寺의 綜合的 考察—新羅文化祭學術論文集』22, 2001 ; 郭丞勳,「新羅 元聖王의 政法典 整備와 그 意義」,『震檀學報』80, 1995 ; 강봉룡,「新羅의 僧官制와 地方支配」,『全南史學』11, 1997

가지 노력과 방법이 모색되었다. 이때 주목되는 승려가 바로 義淵이다.

義淵은 平原王代(559-589)를 중심으로 활동한 승려였다. 그는 北齊의 法上에게 求法한 후 귀국하여 고구려 불교를 한 단계 발전시켰던 것으로 생각된다. 왜냐하면 義淵은 『三國遺事』에서 順道를 계승하여 고구려 불교를 興敎시킨 인물로 평가되고 있기 때문이다. 뿐만 아니라 『海東高僧傳』에서도 고구려 불교의 傳法・敎化에 중요한 역할을 했던 승려로서 평가하였다. 즉 義淵은 6세기대 이후 고구려 불교가 발전하는 과정에서 중요한 역할을 했던 승려라고 생각된다.

지금까지 義淵에 대해서는 주로 佛敎思想적 측면에서 연구가 이루어졌다. 義淵은 대부분 고구려 불교의 전개 과정에서 간략하게 언급되었는데, 地論宗을 소개하여 高句麗 敎學硏究 발전에 큰 역할을 담당했던 승려로 평가하였다.[2] 그러나 『海東高僧傳』과 같은 문헌에 전해지는 義淵에 관한 내용을 소개하는 정도였다. 그 밖에 고구려의 戒律,[3] 僧官制[4] 삼국 최초 佛紀 사용[5] 등과 관련하여 간단하게 언급되었다.

義淵에 대한 본격적인 연구는 최근 진행되었다. 먼저 이 만은 義淵의 思想적 측면을 고찰하여 한국 唯識思想의 효시로서 평가하였다.[6] 그러나 義淵보다는 그가 求法하였던 法上의 사상에 대한 연구에 치중하여 정작 義

---

[2] 安啓賢,「高句麗佛敎의 전개」,『韓國佛敎思想史硏究』, 동국대학교 출판부, 1983 ; 金煐泰,「高句麗佛敎思想―初傳성격을 중심으로」,『初期韓國敎團佛敎史硏究』, 민족사, 1986 ;_____,『三國時代佛敎信仰硏究』, 불광출판사, 1990 ; 金東華,「高句麗時代의 佛敎思想」,『三國時代의 佛敎思想』, 민족문화사, 1987 ; 高翊晉,『韓國古代佛敎思想史』, 동국대출판부, 1989 ; 목정배,「高句麗佛敎의 신장」,『三國時代의 佛敎』, 동국대출판부, 1989 ; 金南允,「新羅法相宗硏究」, 서울대학교 박사학위논문, 1995
[3] 鄭璟喜,「三國時代社會와 佛經의 硏究」,『한국사연구』 64, 1988 ; 南東信,「慈藏定律과 四分律」,『불교문화연구』 4, 1995
[4] 남동신, 앞의 논문, 2000
[5] 신동하,「韓國古代의 佛紀사용에 대하여」,『한국사론』 41・42, 1999
[6] 李 萬,「高句麗義淵의 唯識思想」,『韓國唯識思想史』, 장경각, 2000

淵에 관한 자세한 검토는 이루어지지 못했던 것으로 생각된다. 義淵의 활동과 사상을 본격적으로 다룬 연구로는 정선여와 남무희의 논문이 있다.[7] 이 논문들에서는 평원왕대를 전후로 한 정치적·사회적 상황 속에서 義淵의 활동을 고찰해보고 그가 法上으로부터 수용했던 지론종을 중심으로 그 사상의 역할과 의미에 대하여 살펴보았다.

그러나 義淵에 대해서는 보다 자세한 검토가 더 필요하다고 생각된다. 왜냐하면 義淵이 활동했던 平原王代 불교계는 陽原王代와는 또 다른 변화의 모습이 나타났던 것으로 생각되기 때문이다. 즉 政治的·社會的·對外的 변화가 진행되는 가운데 불교계도 예외는 아니었을 것이다.

이처럼 6세기대 활동하였던 惠亮과 義淵에 대한 구체적인 이해가 이루어진다면 고구려 불교계의 변화, 즉 6세기대 불교의 발전과정과 그 구체적인 모습, 나아가 당시의 정치적·사회적 동향까지도 살펴볼 수 있을 것으로 생각된다.

1. 僧官制의 성립

6세기대 들어 高句麗 佛敎는 이전보다 더욱 발전하였던 것으로 생각되고 있다. 먼저 古墳壁畵의 내용적 변화를 통해서 살펴볼 수 있다. 6세기 들어 연꽃장식고분벽화가 제작되지 않았고 내용에 있어서도 불교적 색채가 옅어졌다고 한다. 이것은 불교이해수준이 향상되면서 불교의 轉生的 來世觀에 대한 새로운 이해가 가능해졌기 때문에 나타난 현상으로 보았다. 즉

---

7) 鄭善如,「高句麗 僧侶 義淵의 활동과 사상」,『한국고대사연구』 20, 2000 ; 南武熙,「高句麗後期 佛敎思想硏究—義淵의 地論宗思想 受容을 중심으로」,『國史館論叢』 95, 2001

불교를 '崇信求福'하는 단계에서 불교적 내세 삶을 위해 강조하였던 天界轉生과 淨土化生의 개념이 교학수준이 발전하면서 전혀 다른 의미라는 것을 이해하였기 때문이라는 것이다.[8]

또한 6세기대 이후 造像되었던 고구려 佛像들을 통해서 이 시기 불교의 발전모습을 살펴 볼 수 있다.

   A-1. 延嘉七年歲在己未高麗國樂良
       東寺主敬弟子僧演師徒卌人
       造賢劫千佛流布第廿九回現
       義佛比丘(法)(顯)一所供養(『譯註韓國古代金石文』Ⅰ)[9].
    -2. 永康七年歲次☐☐ …
       爲亡母造彌勒尊像(祈)
       福願令亡者神昇(覺)(岸)☐
       慈氏三會
       之(初)悟無生(念)究意必果(菩)
       .提若有罪右願一時消滅
       隨喜者等同此願(『譯註韓國古代金石文』Ⅰ).
    -3. 景四年在辛卯比丘道(須)
       共諸善知識那婁
       賤奴阿王阿琚五人
       共造無量壽像一軀
       願亡師父母生生心中常
       值諸佛善知識等值
       遇彌勒所願如是
       願共生一處見佛聞法(『譯註韓國古代金石文』Ⅰ).

---

8) 전호태, 『고구려 고분벽화 연구』, 2000, pp. 207~231.
9) 韓國古代社會研究所編, 『譯註韓國古代金石文』Ⅰ, 가락국사적개발연구원, 1992, p. 127. 본문의 佛像銘文 내용에 대한 연구사적 검토는 『譯註韓國古代金石文』Ⅰ을 참조하기 바람. 그리고 銘文의 판독과 해석은 김창호의 논문(「甲寅年銘釋迦像光背銘文의 諸問題—6세기 佛像造像記의 검토와 함께」, 『미술자료』 53, 1994) 내용과 『譯註韓國古代金石文』Ⅰ의 내용을 함께 비교 검토하였다.

-4. 建興五年歲在丙辰
　　佛弟子淸信女上部
　　(兒)奄造釋迦文像□
　　願生生(値)佛聞
　　法一切衆生同此願(『譯註韓國古代金石文』1)

　위 자료들은 대체로 6세기에 들어서 조상되었던 고구려 佛像銘文의 내용이다.[10] 먼저 A-1은 延嘉七年銘金銅如來立像의 명문이다. 이 佛像은 1963년 慶南 宜寧郡에서 발견되었다. 발견 초기에는 신라의 佛像으로 알려졌으나 이후 銘文의 검토와 양식상의 고찰을 통해 고구려의 佛像으로 파악되었다.[11]

　위 명문의 내용에서 가장 논란이 되고 있는 것이 바로 佛像의 造成시기인 延嘉 7년 己未에 관한 문제이다. 延嘉라는 연호는 중국에서 사용되지 않았던 고구려의 독자적인 연호로 생각되고 있지만 어느 시기에 사용되었던 연호인가에 대해서는 논란이 존재하였다.[12] 그러나 불상 양식적인 측면에

---

10) 삼국 시대 조상된 佛像의 제작 시기에 대해서는 많은 논란이 있다. 특히 銘文의 내용을 통해 추정되는 제작 시기는 한 세기 이상의 차이가 나기도 한다. 그러나 佛像 양식 기법이나 형식상 고찰을 통해서 삼국시대 불상은 대부분 6세기대의 불상으로 분류되고 있다(곽동석,「金銅製一光三尊佛의 系譜-韓國과 中國 山東지방을 중심으로」,『미술자료』51, 1993 및 김리나,「高句麗 佛敎彫刻양식의 전개와 중국 佛敎彫刻」,『고구려 미술의 대외교섭-제4회 全國美術史學大會』, 예경, 1996).

11) 이 佛像은 전체 높이가 16.2cm인 소형 金銅佛로서 佛像과 光背, 臺座가 거의 완전한 형태로 남아 있다. 그런데 고구려의 佛像이 신라 영토였던 이 지역에서 발견되었는가에 대한 의문은 여전히 남아 있다. 대체적으로 佛法유포의 목적 하에 佛像의 이동이 이루어졌다고 생각되고 있다(文明大,『韓國彫刻史』, 열화당, 1980, p. 108 및 강우방,『개정판 한국불교조각의 흐름』, 대원사, 1990, p. 361). 고구려에서는 이처럼 가지고 다닐 수 있었던 소형불상이 만들어졌던 것으로 생각된다. 7세기 전반 고구려에 갔던 말갈인 帝示階가 습득했던 銅佛像도 護身佛로 몸에 지닐 수 있게 조성된 것으로 생각되고 있다(김상현,「中國文獻所載 高句麗 佛敎史 記錄의 檢討-求法僧의 東亞細亞 佛敎에의 참여를 中心으로」,『고구려의 사상과 문화』, 고구려 연구재단, 2005, pp. 94~95.

서 볼 때 이 불상은 6세기에 조상된 것으로 파악되고 있다. 대체로 延嘉 7년은 安原王 9년(539)으로 이해되었다.[13]

그 내용은 안원왕 9년 樂良東寺의 主인 (부처님)을 공경하는 제자 僧演의 師徒 40인이 賢劫千佛像을 조성하여 세상에 유포하고자 하였다는 것이다.[14] 이 延嘉七年銘佛像은 千佛 중 29번째인 因現義佛로서 比丘 法顯이 공양하였다고 한다. 그리고 千佛이 조상되었던 樂良東寺는 평양에 있었던 사원으로 생각된다.[15] 즉 6세기대 평양지역의 사원에서 불상 조상을 위해 다수의 인원이 참여하는 佛事활동이 이루어졌던 것이다. 이것은 고구려에 불교가 수용된 후 나타났던 結社의 모습을 알려주고 있어 그 의미가 중요하다.[16] 불상 조성에 참여하였던 僧演의 師徒 40인은 在家信者들로서 생각되는데, 40인으로 결성된 신앙결사에 의해 불상이 조상되었던 것이다.

---

12) 長壽王 7년(419)(金煐泰, 앞의 책, 불광출판사, 1990, p. 276), 長壽王 67년(479)(손영종,「금석문에 보이는 삼국시기의 몇 연호에 대하여」,『력사과학』, 1996 ;『북한의 우리고대사인식1』 1991, 대륙연구소출판부), 嬰陽王 10년(599)(黃壽永,「韓國의 佛像」, 문예출판사, 1989) 등으로 그 연대를 추정하는 의견들이 있다.
13) 金元龍,「延嘉七年銘金銅如來像銘文」,『고고미술』 5-9, 1964 ; _____,『韓國美術史研究』, 일지사, 1987 ; 金理那,『韓國古代佛教彫刻史硏究』, 일조각, 1989.
14) '樂良東寺主敬弟子僧演師徒卌人' 부분은 대부분 '낙랑동사의 住持 敬과 弟子僧演을 비롯한 師弟 40인'이라고 해석되었다(한국고대사회연구소편, 앞의 책, p. 127). 그렇지만 南北朝 전후의 중국과 三國時代에 敬, 演과 같은 單字의 僧名은 찾아볼 수 없다고 한다. 반면 僧郞, 僧實 등과 같이 僧자가 붙는 僧法名의 예에서 보듯이 僧演은 人名으로 생각된다. 따라서 僧演을 人名으로 본다면 이 부분은 '낙랑동사의 主이며 부처님을 공경하는 제자 僧演의 師徒 40명'으로 해석할 수 있다(김영태,「延嘉七年銘 高句麗佛像에 대하여」,『佛敎思想史論』, 민족사, 1992, pp. 263~265 및 김창호, 앞의 논문, 1994, p. 25). 따라서 명문의 해석을 이에 따르고자 한다.
15) 延嘉七年銘金銅光背 銘文의 내용에 대한 연구사적 검토는 한국고대사회연구소편, 앞의 책, pp. 127~128 참조.
16) 金文經,「三國·新羅 시대의 佛敎信仰結社」,『唐代의 社會와 宗敎』, 숭실대학교 출판부, 1984, p. 265 ; 金英美,「三國 및 統一新羅 佛敎史硏究의 현황과 과제」,『한국사론』 28, 1998

그런데 비슷한 시기 平南 平原郡 德山面 元五里寺址에서 출토되었던 많은 양의 佛・菩薩像들이 주목된다. 왜냐하면 이 불상들 역시 千佛로 파악되기 때문이다. 이 불상들은 550년을 전후한 시기, 6세기 2/4분기 말에서 3/4분기 초에 걸쳐 제작되었던 것으로 보았다.[17] 이 불상들도 延嘉七年銘佛像과 마찬가지로 결사를 통해 주상되었을 것으로 생각된다.

A-2는 永康七年銘金銅光背의 명문이다. 이것은 1946년 평양 平川里의 폐사지에서 臺座, 佛具 등과 함께 출토된 舟形光背로서 佛像은 함께 발견되지 않았다.[18] 그렇지만 인근 지역에서 출토된 金銅半跏思惟像[19]과의 관련성 여부가 주목되고 있다. 이 불상은 延嘉七年銘金銅佛像보다 훨씬 진전된 양식과 주조 기술을 보여주고 있다. 따라서 永康 7년은 陽原王 7년(551)으로 추정된다.[20]

이 佛像造像의 發願者는 밝혀져 있지 않지만 亡母를 위하여 彌勒尊像을 만들어 복을 기원하고 있다. 亡者가 미륵의 三會說法을 만나 깨달음을 얻고 죄업이 소멸되며, 隨喜하는 모든 이들도 같은 소원을 이루게 해 달라고 기원하고 있다.[21] 즉 그 내용을 통하여 이 光背의 佛像이 彌勒像이었음을 알 수 있다. 이 불상이 결사에 의해 조상되었는지 정확히 알 수 없지만 불교를 신앙하였던 한 가족들에 의해 제작되었던 것으로 추측되고 있다.[22]

A-3은 景四年辛卯銘金銅三尊佛立像의 명문이다. 이 불상은 1930년 黃海道 谷山郡에서 출토되었는데 높이 15.5cm 舟形光背의 중앙에 本尊佛을 배치하고 좌우에 협시보살을 배치한 一光三尊佛이다. 그리고 명문의 내용을 통해서도 알 수 있듯이 본존불은 無量壽佛(阿彌陀佛)이다.

---

17) 文明大, 「元五里寺址塑造佛像의 연구—高句麗 千佛像과 관련하여」, 『고고미술』 150, 1981, p. 66.
18) 한국고대사회연구소편, 앞의 책, p. 123.
19) 국보 118호인 평양 평천리 출토 金銅半跏思惟像이다.
20) 김리나, 앞의 논문, 1996, pp. 99~100.
21) 한국고대사회연구소편, 앞의 책, pp. 123~124.
22) 김문경, 앞의 책, 1984, p. 264.

이 불상의 조상 시기는 平原王 13년(571)으로 추정되고 있다.23) 불상 造像을 발원한 사람들은 比丘인 道須와 여러 善知識인 那婁를 비롯한 다섯 명이다. 이들이 無量壽佛을 조상하여 亡師父母가 來世에도 불교에 귀의할 것과 자신들도 彌勒佛을 만나 깨달음을 얻기를 염원하고 있는 내용이다. 이 광배의 본존불은 無量壽佛이지만 미륵을 만나 佛法을 듣기를 원하고 있다. 즉 阿彌陀信仰과 彌勒信仰을 함께 살펴볼 수 있는 것으로 생각된다.

마지막 A-4는 建興五年丙辰銘金銅光背의 명문이다. 이것은 1915년 忠北 中原郡에서 발견된 舟形광배이다.24) 一光三尊佛로 생각되는데 본존불은 없고 좌우협시불만 남아 있다.25) 그리고 佛像이 조상된 建興 5년은 嬰陽王 7년(596)으로 추정되고 있다.26) 그 내용을 살펴보면 上部 출신의 여신도 兒奄이 來世에서도 佛法을 듣기를 바라며 일체 중생이 모두 이 소원을 이룰 수 있도록 釋迦佛像을 조상하였다는 것이다. 따라서 없어진 본존불은 釋迦佛임을 알 수 있다.

그런데 명문에 등장하는 '釋迦文像'을 통해 미륵신앙과의 관련성을 유추해 볼 수 있다. '釋迦佛', '釋迦牟尼', '釋迦如來'와 같은 호칭이 『彌勒下生經』에서 '釋迦文佛'로 호칭된다고 한다. 따라서 建興銘金銅釋迦佛像의

---

23) 문명대, 앞의 책, 1980, p. 112 및 곽동석, 앞의 논문, 1993, p. 9.
24) 그런데 같은 지역에서 발견된 또 다른 미륵불상의 존재가 주목된다. 忠北 中原郡 可金面 鳳凰里 햇골산 磨崖佛菩薩像群이 바로 그 예이다. 이 磨崖佛像群은 두 부분으로 나뉘어 있다. 암벽의 동편쪽으로 思惟半跏像을 중심으로 兩挾侍菩薩을 두어 삼존형식을 이루었고 세 보살이 배치되었다. 보살들이 배치된 서편에는 여래좌상과 이를 향한 공양상이 있는 한 무리의 불상이 있다. 즉 思惟半跏像을 중심으로 佛菩薩群과 如來를 중심으로 供養像으로 나뉘어 있다고 한다(강우방,「햇골산 磨崖佛群과 斷石山磨崖佛群」,『李基白先生古稀紀念 韓國史學論叢』上, 일조각, 1994, pp. 449~455). 이 중 思惟半跏像과 如來像이 彌勒佛로 생각되는데, 6세기 중엽 고구려의 작품으로 추정되고 있다. 즉 충북 중원군 햇골산 유적에서 고구려 미륵신앙의 모습을 찾아 볼 수 있다. 따라서 建興五年丙辰銘金銅光背와 함께 中原 지역에서 6세기대 이후 미륵신앙이 성행하였던 것으로 추측된다.
25) 한국고대사회연구소편, 앞의 책, p. 132
26) 곽동석, 앞의 논문, 1993, p. 9.

좌우협시불이 미륵보살이었을 것으로 생각된다. 즉 그 명문의 내용은 『彌勒下生經』과 관련이 있는 것으로 생각되며 이를 통해 당시 미륵신앙의 흔적을 찾아볼 수 있다.[27]

지금까지 6세기대 들어 조상되었던 佛像의 銘文들을 검토해보았다. 이 佛像들은 대체로 結社를 통해 조상되었던 것으로 생각된다. 이러한 信仰結社는 불교를 널리 확산시키는 방편이기도 하지만 그 결과이기도 하다.[28] 따라서 6세기대 이후 고구려에 불교가 널리 확산되었다는 것을 알 수 있다.

그렇다면 이러한 佛像들의 제작에 참여했던 존재들은 어떠한 세력들이었을까. 삼국시대 佛像 조상과 같은 경제적 능력이 필요한 佛事활동에 참여했던 세력들은 왕실 및 귀족과 같은 지배층이었다. 따라서 낙랑동사와 같은 평양 지역 사원의 불상들은 왕실 및 중앙의 귀족들에 의해 조상되었던 것으로 생각된다.

한편 평원왕대 조상된 것으로 생각되는 景四年辛卯銘金銅三尊佛이 출토된 곳이 황해도 곡산군이었다는 사실이 주목된다. 이 佛像의 조상자들의 신분에 대해서는 지방의 재지지배자 혹은 중앙에서 파견된 지방관 등으로 추정되고 있다.[29] 즉 6세기 이후 고구려에서는 불교가 평양 이외의 지역, 지방에까지 점차 확산되고 있었다는 것을 알 수 있다. 이후 검토하겠지만 陽原王代 惠亮이 漢水 유역의 사찰에서 주석하였던 것, 平原王代 大丞相 王高德이 불교를 나라의 변두리까지 널리 알리려고 했다는 사실들을 통해 잘

---

27) 田村圓澄, 『古代朝鮮佛敎と日本佛敎』, 吉川弘文館, 1980, pp. 96~97. 이 시기 나타났던 미륵신앙은 미륵하생신앙으로 이해되고 있다. 5세기대 고구려에서는 死後 도솔천 왕생을 신앙하였는데 6세기대 이후부터는 도솔천 왕생을 구하지 않고 여러 생에 걸쳐 부처를 만나 가르침을 듣기를 원하는 것으로 바뀌었다고 하였다. 이러한 미륵신앙의 변화 역시 불교사상에 대한 이해의 심화를 반영하는 것으로 생각되고 있다(최연식, 「삼국시대 미륵신앙과 내세의식」, 『강좌 한국고대사』 8, 2002, pp. 244~250).
28) 김영미, 앞의 논문, 1998, p. 21.
29) 土居那彦, 「三國時代의 善知識과 智識의 기초적 검토」, 『한국고대사연구』 16, 1999, p. 383의 주)20 참조.

알 수 있다. 따라서 지방에서도 景四年辛卯銘金銅三尊佛의 조상과 같은 佛事를 시행할 수 있었던 것으로 생각된다. 이처럼 6세기대 들어 고구려에서 불교는 중앙뿐만 아니라 지방에까지 확산되었던 것이다.

그리고 6세기대 이후 조상된 佛像들은 중국의 영향에서 벗어나 고구려 독창적인 양식으로 표현되었다. 이는 고구려 불교 미술품들의 수준이 대단히 높아졌다는 것을 알려주는 것이다.[30] 이것은 6세기대 축조된 고분벽화 내용의 변화와 함께 당시 고구려 불교의 발전적 모습을 알려주는 것이라 하겠다. 6세기대 들어 고구려에서는 불교 자체에 대한 이해가 깊어졌으며 불교적 사유 체계가 사람들의 의식구조 속에 자리 잡게 되었다는 것이다.[31] 이러한 모습은 불교가 대중화되는 하나의 현상으로 설명할 수 있는데 신라에서는 眞平王代(579-631) 이후 진행되었던 것으로 생각되고 있다.[32]

그런데 6세기에 접어들면서 고구려에서는 대내외적으로 새로운 변화가 발생하였다. 무엇보다 고구려 내부적인 정치상황의 변화가 가장 주목되는데, 陽原王의 즉위 이후 귀족연립정권이 성립되어 정권운영의 모습이 변화되었던 것이다.[33] 이처럼 고구려 내부에서 나타났던 정치적인 변화는 사회 각

---

30) 삼국 시대 불교 조각사에서 중요한 비중을 차지하는 一光三尊佛은 주로 6세기 후반, 고구려에서 造像되었다. 즉 고구려의 金銅一光三尊佛의 형식이 삼국 시대 일광삼존불을 주도하였는데, 이러한 고구려 양식은 중국에까지 전해져서 山東지방의 一光三尊佛 양식에 영향을 미쳤던 것으로 생각되고 있다(郭東錫, 앞의 논문, 1993, pp. 18~ 22).
31) 全虎兌, 앞의 책, 2000, pp. 228~231.
32) 金英美, 「阿彌陀신앙의 수용과 정착」, 『新羅佛敎思想史硏究』, 민족사, 1994, p. 62.
33) 高句麗史를 시기 구분할 때 前期・中期・後期로 나누어 볼 수 있다. 정치적으로 새로운 국면을 맞이하는 6세기 이후부터 고구려가 멸망하는 668년까지가 後期에 해당된다(노태돈, 「귀족연립정권과 연개소문의 정변」, 『고구려사 연구』, 사계절, 1999, pp. 436~456). 한편 고구려사의 시기구분은 연구자에 따라 여러 가지 견해가 존재한다. 먼저 노태돈은 정치체제에 따라 초기 部體制期(봉상왕)―중기 중앙집권체제기(미천왕 안원왕)―후기 귀족연립정권기(양원왕 보장왕)로 정치사의 전개를 설명하였다(앞의 책, 1999, pp. 489~491). 그리고 金賢淑은 정치적 변화에 따

분야에 상당한 영향을 주었을 것으로 왕실과 귀족세력들의 후원을 받아 성장했던 불교계에도 변화가 나타났을 것으로 추측된다.

그러나 이러한 고구려 불교계의 변화를 알려주는 자료들은 매우 부족하다. 다만 다음의 내용을 통해 간략하지만 그 변화의 모습을 살펴볼 수 있을 것으로 생각된다.

B. … (眞興大王)十二年辛未, 王命居柒夫及仇珍大角湌・比台角湌・耽知迊湌・非西迊湌・奴夫波珍湌・西力夫波珍湌・比次夫大阿湌・未珍夫阿湌等八將軍, 與百濟侵高句麗. 百濟人先攻破平壤, 居柒夫等, 乘勝取竹嶺以外, 高峴以內十郡. 至是, 惠亮法師, 領其徒, 出路上, 居柒夫下馬, 以軍禮揖拜, 進曰 昔, 遊學之日, 蒙法師之恩, 得保性命, 今, 邂逅相遇, 不知何以爲報. 對曰 今, 我國政亂, 滅亡無日, 願致之貴域. 於是 居柒夫同載以歸, 見之於王, 王以爲僧統, 始置百座講會及八關之法. 眞智王元年丙申, 居柒夫爲上大等, 以軍國事務自任, 至老終於家, 享年七十八(『三國史記』권44, 列傳4, 居柒夫).

위 사건은 眞興王 12년(551년, 高句麗 陽原王 7년) 신라와 백제가 고구려를 공격하여 한강유역을 점령한 내용에 대한 것이다. 이때 고구려가 한강유역을 상실한 것은 6세기 들어 고구려에서 진행된 대내외적 변화의 결과로서 B의 내용은 이 시기 고구려 정국의 동향을 알려주는 중요한 자료 중

라 고구려사의 발전단계를 전기(건국에서 3세기)—중기(4, 5세기)—후기(6, 7세기)로 구분하였다(「高句麗中後期 中央集權的 地方統治體制의 발전과정」,『한국고대사연구』 11, 1997, p. 10). 이처럼 정치사를 중심으로 하는 고구려사의 시기구분은 대체로 초기(국가형성 및 초기정치체제)—중기(중앙집권적 정치체제)—후기(6세기대 이후, 귀족연립체제), 이러한 3시기로 이야기되고 있다(임기환,『고구려정치사연구』, 한나래, 2004, pp. 21~46). 이밖에 6세기대 고구려 사회의 정치적 사회적 변화를 고찰한 연구는 다음과 같다.
盧重國,「高句麗・百濟・新羅 사이의 力관계 변화에 대한 一考察」,『東方學志』 28, 1981 ; 閔喆熙,「高句麗 陽原王・平原王代의 政局變化」,『史學志』 35, 2002 ; 李道學,「高句麗의 內紛과 內戰」,『高句麗研究』 24, 2006 ; 남무희,「安原王・陽原王代 정치변동과 고구려 불교계 동향」,『한국고대사연구』 45, 2007

의 하나이다.

그 내용 가운데 惠亮法師의 존재가 주목된다. 惠亮法師는 居柒夫를 따라 신라로 건너가 최초의 僧統이 되었고, 百座講會와 八關會를 신라에서 처음 실시하였다. 이러한 惠亮法師에 대한 기록은 위 내용과 『三國史記』권40, 職官條와 『三國遺事』권4, 慈藏定律條에 단편적으로 언급된 것 외에는 나타나지 않는다. 따라서 惠亮法師의 활동이나 사상에 대해 자세한 내용을 언급하기는 어렵다. 그러나 관련 사료들과 당시 중국, 신라 불교계의 상황을 연관하여 세밀히 검토해보면 惠亮이 활동하던 시기 고구려 불교계의 상황에 대해 살펴볼 수 있을 것 같다.

C. 居柒夫少跅弛有遠志. 祝髮爲僧, 遊觀四方, 便欲覘高句麗, 入其境, 聞法師惠亮開堂說經, 遂詣聽講經. 一日, 惠亮問曰 沙彌從何來 對曰 某新羅人也. 其夕, 法師招來相見, 握手密言曰 吾閱人多矣, 見汝容貌, 定非常流, 其殆有異心乎 答曰 某生於偏方, 未聞道理, 聞師之德譽, 來伏趣下風, 願師不拒, 以卒發蒙. 師曰 老僧不敏, 亦能識子, 此國雖小, 不可謂無知人者, 恐子見執, 故密告之, 宜疾其歸 …(『三國史記』권44, 列傳4, 居柒夫)

C의 내용을 통해 먼저 고구려에서 惠亮이 승려로서 활동했던 시기를 고찰해볼 수 있을 것으로 생각된다. 551년(陽原王 7년) 이전 이미 혜량과 거칠부가 고구려에서 만났다는 내용을 통해 혜량이 양원왕대 이전부터 승려로서 활동하였던 것을 알 수 있다.

거칠부는 젊어서 승려로 출가하여 四方으로 다니며 구경하였다. 고구려를 정찰하기 위해 고구려로 들어갔다가 法師 혜량이 講經한다는 소식을 듣고 직접 찾아가 그를 만났다. 그렇다면 이러한 내용을 통해 거칠부와 혜량이 만났던 시기를 구체적으로 상정해볼 수 있을 것으로 생각된다.

B의 내용을 보면 거칠부는 眞智王 원년(576) 78세로 사망하였다고 한다. 따라서 거칠부가 출생한 해를 따져보면 499년(照知麻立干 21년)에 태어났다는 것을 알 수 있다. 그런데 거칠부는 少時에 승려로 出家하였다고 한

다. 少時는 대체로 나이 30세 이전을 가리키는 표현이므로 거칠부는 30세 이전의 청년시기에 出家하였던 것으로 생각된다.[34]

신라에서 공식적으로 승려 出家를 허락하는 것은 진흥왕 5년(544)의 일이다.[35] 그러나 535년 「蔚州川前里書石」에 이미 比丘僧과 沙彌僧의 존재가 등장하였다. 거칠부는 奈勿王의 5代孫으로 祖父가 仍宿 角干이있고 父는 勿力 伊湌이었다. 즉 유력한 귀족가문 출신인 거칠부는 진흥왕대 이전에 스스로의 의지로 出家할 수 있었던 것으로 생각된다.[36] 거칠부가 출가했던 이유에 대해서는 자세히 알 수 없다. 그렇지만 法興王代 거칠부 가계의 정치적 입장을 살펴보면 그 이유에 대해 알 수 있을 것으로 생각된다.

거칠부의 父 勿力은 법흥왕 11년(524) 건립된 「울진봉평비」에 大等의 일원으로 기록되었다. 그렇지만 당시 정치적으로 상당한 열세에 있었던 것으로 생각되고 있다. 따라서 거칠부는 炤知麻立干代 왕실 내에서 중요한 정치적 비중을 차지하고 있었던 자신의 가계가 智證王代 이후 國王位나 葛文王位에서 멀어지게 되자 정치적 불만을 품게 되었고 이에 승려로 출가하였던 것이 아닌가 생각되고 있다.[37]

이처럼 거칠부는 법흥왕 15년(528) 이전 시기에 이미 승려로 출가하였

---

34) 『論語』에서 少之時는 나이 서른 이전을 뜻하고 있다.
35) '春二月, 興輪寺成, 三月, 許人出家爲僧尼, 奉佛' (『三國史記』권4, 新羅本紀 4, 眞興王 5년).
36) 승려가 될 수 있는 방법으로 出家와 度僧이 있다. 出家와 度僧은 모두 속세를 떠나 불가에 귀의한다는 공통적인 의미가 있지만 그 용례에 있어서는 차이가 있다고 한다. 度僧은 의타적인 의미와 강제적인 뜻이 동시에 있지만 出家는 자유의지에 따라 가능한 것으로 생각되고 있다. 특히 신라의 경우 지배층은 스스로의 의지에 따라 出家하고 환속도 자유롭게 하였던 것으로 생각되고 있다(吉基泰, 「百濟 泗沘期의 佛敎政策과 度僧」, 『百濟硏究』 41, 2005, pp. 99~100 ; 김영태, 「朝鮮前期의 度僧 및 赴役僧의 問題」, 『불교학보』 32, 1995, p. 5).
37) 盧鏞弼, 「眞興王代 中央集權的 統治體制의 確立」, 『新羅眞興王巡狩碑硏究』, 일조각, 1996, pp. 84~85 주)2 참조. 거칠부 가문은 내물왕의 5세손으로 부는 勿力 伊湌이었고 祖父는 仍宿 角干이었다. 특히 그 조부는 소지마립간의 王妃 善兮夫人의 父로서 소지마립간 8년 이벌찬이 된 후 '以參國政' 히면서 왕실 내에서 징지직 비중이 상당히 높았던 것으로 생각된다. 그런데 智證王 즉위 이후 거칠부 가계의 정

던 것으로 유추된다. 그러므로 거칠부가 출가한 후 고구려에 와서 혜량을 만났을 것으로 생각되는 시기는 대략 고구려 安臧王代(519-530)나 安原王代(531-544) 전반기쯤이었을 것이다.

고구려에서 거칠부가 처음 혜량을 만날 때 혜량은 당시 불교계에서 상당히 중요한 위치에 있었던 승려였다고 생각된다. 혜량이 講經하였다는 사실, 거칠부가 그 소식을 듣고 일부러 찾아가 혜량의 강경을 들었던 모습, 진흥왕이 혜량을 신라 전체 불교계를 총괄하는 최초의 僧統에 임명한 사실들을 고려해보면 고구려 불교계에서의 혜량의 위치와 역할에 대해 충분히 유추해 볼 수 있을 것 같다.

講經은 일반적으로 講師, 講主, 法師 등으로 칭해지는 高僧大德들에 의해 행해진다.[38] 즉 혜량은 당시 상당한 명성을 얻고 있었던 승려였기 때문에 그의 강경에 대한 소문을 듣고 거칠부가 직접 찾아갔던 것으로 생각된다. 또한 진흥왕이 고구려에서 망명한 혜량을 신라 최초의 僧統에 임명하였던 것은 고구려 불교계에서의 혜량의 위치를 충분히 고려하여 내린 결정이었던 것으로 유추해볼 수 있다.[39]

치적 비중이 약화되었던 것으로 생각되고 있다. 즉 지증왕계가 國王位와 葛文王位를 계승하였고 거칠부 가계는 완전히 제외되어 있었다는 것이다. 지증왕대 이후 법흥왕대에도 거칠부 가계의 정치적 비중은 계속 약화되었던 것으로 생각되고 있다. 한편 이러한 견해와 달리 생각하는 의견도 있다. 즉 거칠부의 父 勿力이 법흥왕과 밀접한 관계를 맺고 있었고 진흥왕의 왕위계승에 중요한 영향을 미쳤던 것으로 생각하였다(朴成熙,「신라 진흥왕 즉위 전후 정치세력의 동향」,『한국고대사연구』 22, 2001, pp. 168~171).

38) 김문경, 앞의 책, 1984, pp. 261~261.
39) 또한 551년 이후 신라와 고구려의 관계가 영향을 미쳤을 가능성도 생각해 볼 수 있다. 신라가 551년 이후 백제를 공격하여 한강유역을 차지하고 東北지역으로 진출할 수 있었던 데에는 고구려와 신라 사이에 이루어진 일정한 묵계의 영향이었을 것으로 생각되고 있다. 즉 고구려가 이미 상실한 한강유역과 함흥평야 일대를 신라에게 넘겨주고 대신 양국이 화평한 관계를 맺는 것이 주된 내용이었을 것으로 생각되었다(노태돈, 앞의 책, 2000, pp. 433~434). 따라서 양국 간에 형성된 우호적 관계가 고구려 승려인 혜량을 신라 최고 승관직에 임명하는 데에도 영향을 미쳤을 것으로 생각된다.

D-1. 新羅眞興王十一年庚午, 以安藏法師爲大書省一人, 又有小書省二人, 明年辛未, 以高麗惠亮法師爲國統, 亦云寺主, 寶良法師爲大都維那一人, 及州統九人, 郡統十八人等(『三國遺事』권4, 義解5, 慈藏定律).

-2. 國統僧統一人(一云寺主), 眞興王十二年, 以高句麗惠亮法師爲寺主. 都唯那娘一人, 阿尼大都唯那一人. 眞興王始以寶良法師爲之, 眞德王元年加一人. 大書省, 一人, 眞興王以安臧法師爲之, 眞德土元年, 加一人. 少年書省, 二人, 元聖王三年, 以惠英梵如二法師爲之(『三國史記』권40, 志9, 職官下 武官).

신라의 僧官制는 진흥왕 11년(550)과 12년(551)에 걸쳐 성립 실시되었다. 이때 설치된 僧官은 大書省, 國統(僧統), 大都維那였다. 僧官職이 처음 설치되었던 진흥왕대에는 사원과 승려들이 그다지 많지 않았다.[40] 따라서 僧官들은 특정사원과 관련된 職制로서 사원과 연결된 왕실이나 귀족층의 이익을 대변하는 기능을 수행하였고 왕권을 기반으로 하는 국가체제를 완비하는 정책의 일환으로 실시되었던 것으로 생각되고 있다.[41]

먼저 진흥왕 11년 가장 먼저 설치된 대서성은 僧政에 국한하지 않고 국가 문서 작성과 같은 행정업무에도 관여하였던 것으로 생각되었다.[42] 그러므로 僧政을 담당하는 僧官職은 혜량이 승통에 임명되면서 본격적으로 실시되었던 것이다. 진흥왕이 國統(僧統)에 자국의 승려가 아닌 고구려 승려 혜량을 임명하였던 것은 신라 승관제도의 체계적인 성립과정에 혜량이 중요한 역할을 했다는 점을 알려주는 것으로 생각된다.[43] 따라서 신라의 國統(僧統)은 고구려의 영향을 받은 僧官이었을 것으로 생각된다. 그런데 國統은 東魏, 北齊계통의 僧官이었다.[44] 즉 신라의 승관제는 중국 北朝계통

---

40) 551년 당시 경주의 사원으로는 興輪寺(544년)와 비구니 사원인 永興寺(535년)만이 있었다.
41) 남동신, 앞의 논문, 1995, pp. 69~70.
42) 남동신, 앞의 논문, 2000, p. 151.
43) 남동신, 앞의 논문, 2000, p. 153.

승관제의 영향을 받았던 것으로 생각된다.[45])

신라에서 진흥왕대 北朝계통의 승관제가 성립되었다는 점은 다음의 사실과 관련하여 주목된다. 신라 승관제가 설치되기 직전인 진흥왕 10년(549) 신라 求法僧 覺德이 梁使와 함께 佛舍利를 가지고 귀국하였다.[46]) 당시 梁은 武帝가 통치하고 있었던 시기로 南朝佛敎의 최고 전성기였다. 따라서 각덕은 발전된 梁의 불교를 신라에 전했을 것으로 생각된다.[47]) 그럼에도 불구하고 신라에서는 北朝계통의 僧官制가 성립되었던 것이다.[48]) 신라에서 승관제도를 도입 정비하는 데에 혜량이 중요한 역할을 하였다는 점을 다시 한 번 확인할 수 있다.

더구나 眞興王이 혜량을 僧統에 임명할 때 거칠부가 상당한 영향을 주

----

44) 國統은 昭玄統의 別稱으로 東魏시대 慧光이 취임하면서 등장하였다. 北齊대에는 혜광 문하가 중심이 되어 昭玄十統이 설치되었는데 北齊 文宣帝가 天保2년(551) 法上을 昭玄大統에 임명하였다(山岐宏, 『支那中世佛敎の展開』, 淸水書店, 1942, pp. 504~504 ; pp. 522~523).
45) 남동신, 앞의 논문, 2000, p. 149.
46) '진흥왕 10년 봄 梁이 使臣과 유학승 覺德을 시켜 佛舍利를 보내니 왕이 百官으로 하여금 興輪寺 앞길에서 이를 맞게 하였나'(『三國史記』권4, 新羅本紀 4).
47) 梁에서도 승관제가 실시되고 있었다. 양무제의 家僧이었던 慧超가 최초의 大僧正에 취임하였고 法雲, 慧令이 차례로 계승하며 비교적 체계적으로 승관이 성립되었던 것으로 보인다. 그런데 大同 연간(535-534) 양무제가 스스로 白衣僧正으로 俗權과 法權을 겸하여 律法을 제정해 승려를 통제하려 하였던 모습이 주목된다(山岐宏, 앞의 책, 1942, pp. 489~491). 이러한 무제의 태도에 대해 智藏은 무제와 논쟁을 벌였고 결국 무제는 스스로 승정이 되어 승려를 통제하는 일을 중지하였다(鎌田茂雄 著, 장휘옥 역, 『中國佛敎史-南北朝의 佛敎(上)』, 장승, 1996, pp. 207~210). 따라서 이러한 양의 불교계 동향이 신라에도 전해졌을 가능성이 있다. 즉 양무제가 직접적으로 승려를 통제하려고 했던 모습이 진흥왕에게 영향을 미쳤을 가능성도 있을 것으로 생각된다.
48) 진흥왕 11년 설치된 대서성과 관련하여 중국 중앙관제에서 보이는 서성이 왕명출납에 관련된 章奏, 국가 주요 도서, 전적 및 사서편찬을 담당하였다. 특히 양의 중앙관제에 이러한 관서가 다수 존재하였던 것이 주목된다고 하였다(남동신, 앞의 논문, 2000, p. 151). 따라서 신라 승관제 성립에 양나라의 영향도 존재하였을 것으로 생각된다. 그러나 신라의 승관제는 혜량이 국통이 임명된 이후부터 본격적으로 실시되었을 것으로 생각된다.

었을 것으로 생각된다. 거칠부는 자신이 예전에 직접 보고 확인하였던 고구려 불교계에서의 혜량의 위치와 역할을 진흥왕에게 보고하였을 것이다. 진흥왕은 이러한 거칠부의 의견을 충분히 고려하여 결정을 내렸을 것으로 생각된다. 그렇다면 거칠부가 보았던 고구려에서의 혜량의 모습은 어떠한 것이었을까. 정확히게 알 수 없지만 혜량이 고구려에서 상당히 높은 지위의 僧官으로 활동하였던 모습이었을 것이다. 그리고 이와 연관하여 고구려 승관제도의 존재를 유추해볼 수 있다.

고구려에서 僧官制가 실시되었다는 사실을 확인해 볼 수 있는 직접적인 자료는 없다. 따라서 高句麗 僧官制에 대해 논의한다는 것은 상당히 조심스럽고 어려운 문제이다. 그러나 고구려에 불교가 수용된 이후 발전하는 과정에서 승관제가 실시되었을 가능성은 큰 것으로 생각된다.

고구려 廣開土王代에 왕실의 주도하에 본격적으로 평양과 지방에 많은 사원들이 창건되면서 승려들이 증가하였을 것이다. 늘어난 승려들을 중심으로 佛敎敎團이 성립되어 운영되었을 것으로 유추된다.[49] 그리고 이처럼 점차 확대되던 교단을 통제하기 위해 계율이 강조되었다. 이것은 광개토왕대 담시가 계율을 가지고 교화하는 모습을 통해 확인할 수 있다.[50] 더구나 고구려에서 불교가 수용된 이후부터 국가와 국왕이 적극적인 역할을 수행하였다는 점은 승관제가 운영되었을 가능성을 충분히 알려주는 것이다.[51]

만약 고구려에서 승관제가 운영되었다면 그에 영향을 준 것은 중국 불교였을 것이다. 보다 구체적으로 北魏불교의 영향을 받아 고구려 승관제가

---

49) 교단운영에 필요한 최소 인원수가 4명이라는 점을 감안하면 고구려에서 교단이 성립되었던 시기는 적어도 4세기 말이었을 것으로 생각되었다(남동신, 앞의 논문, 2000, p. 148).
50) 蔡印幻,「高句麗戒律思想 硏究」,『불교학보』 27, 1991, pp. 80~92.
51) 남동신, 앞의 논문, 2000, p. 148. 한편 평양에 9寺가 창건된 이후 국가의 적극적인 불교통제가 실시되었다(신동하,「高句麗의 寺院造成과 그 意味」,『한국사론』 19, 1988, pp. 11~17). 따라서 국가가 佛敎敎團을 효과적으로 통제 운영하기 위한 또 하나의 방편으로서 승관제가 성립되었을 가능성이 큰 것으로 생각된다.

실시되었을 것으로 생각된다.52) 중국에서 승관은 北魏의 道武帝가 黃始연간(396-397)에 法果를 道人統으로 삼고 僧徒를 관장케 했던 것에서 시작되었다.53) 승관제가 설립된 목적은 확대된 교단을 통제감독하기 위해서였다. 즉 국가가 僧尼를 통찰하고 法務를 행하는 승려를 僧官으로 임명하였다. 특히 북위 불교는 황제권과 밀착되어 발전하였는데 이들 지배자들은 불교교단이 확대되자 이를 통제하기 위해 승관제를 설립하였다. 즉 승려의 임명, 행동규범, 사찰재산의 관리 등이 황제의 지배하에 운영되었던 것이다. 고구려에서는 평양 천도 이후 강력한 왕권을 추구하던 장수왕대에 이러한 北魏의 승관제를 모범으로 삼아 확대된 사원과 승려들을 효과적으로 이용하고 통제하기 위해 승관제를 설립하였을 것으로 생각된다.54)

北魏에서는 興安원년(452) 불교부흥의 조칙을 내렸던 문성제가 監福曹를 설치하였는데 중앙 감복조의 장관이 道人統이었고 차관을 都維那라 하였다. 지방의 각 州에는 僧曹와 州沙門統이 존재하였다. 중앙의 사문통은

---

52) 李弘稙, 앞의 논문, 1959, p. 668 ; 蔡印幻, 앞의 논문, 1982, p. 7 ; 남동신, 앞의 논문, 2000, p. 149.
53) 南北朝時代의 僧官은 北朝계통의 沙門統(道人統, 僧統 또는 昭玄統)과 南朝계통의 僧正(僧主)의 2대 계통으로 나뉘어 전개되었다(鎌田茂雄 著, 정순일 譯, 『中國佛敎史』, 경서원, 1985, pp. 135~136). 북조계통의 승관제는 국가가 불교를 이용 통제하는 수단으로 설치하였다. 반면 남조에서는 자치와 자위를 목적으로 승단이 僧制를 정하고 이를 국가가 승인하였던 것으로 중앙승정의 통제가 불충분하여 지방승정이 실권을 장악하였다.
54) 이러한 사실을 뒷받침해줄 수 있는 長壽王代 고구려와 北魏의 불교교류에 관련된 직접적인 자료들을 찾아보기는 어렵다. 그러나 長壽王代 고구려와 北魏는 빈번하게 사신을 파견하며 밀접한 교류를 행하였다(노태돈, 앞의 책, pp. 309~316). 즉 장수왕대 고구려와 북위의 외교가 425년 최초로 실시된 이후 고구려의 對北魏외교는 49회에 걸쳐 이루어졌고 이는 同王代 전개된 對南朝외교의 약 2배에 해당하는 것이었다고 한다(박진숙, 「長壽王代 高句麗의 對北魏外交와 百濟」, 『한국고대사연구』 36, 2004). 장수왕을 이은 문자왕대에도 고구려와 북위의 교섭은 활발하게 전개되었다(김진한, 「文咨王代의 對北魏外交―北魏 孝文帝·宣武帝의 對外政策과 關聯하여」, 『한국고대사연구』 44, 2006). 따라서 이처럼 장수왕대와 문자왕대 양국 간 빈번히 이루어진 외교적 교류를 통해 북위불교계의 모습이 고구려에 전해졌을 것으로 생각된다.

沙門都統으로 호칭되었는데, 沙門都統과 각 州沙門統에 의하여 전 불교교단이 하나로 통제되었다. 和平원년(460)에는 도인통을 沙門統(昭玄統)으로, 감복조를 昭玄寺로 변경하였다. 이때 소현시는 모든 佛寺를 관장하며 大統 1인, 統 1인, 都維那 3인을 두었고 諸州 郡縣의 沙門曹를 관장하는 기능을 하였다고 한다.

東魏(530-554)시대에는 慧光이 처음 國都(昭玄都維那)가 되었고 계속하여 國統(昭玄統)이 되었다. 혜광의 문인인 法上은 소현통이 되어 北魏에서 北齊에 걸쳐 40여 년간 그 직을 역임하였다. 그리고 이 시기 중앙뿐만 아니라 지방에도 많은 승관을 두었다고 한다.[55]

이처럼 중국 승관제는 北魏에서 처음 실시된 이후 계속 변화되었는데 고구려의 승관제도 그 영향을 받았을 것으로 생각된다. 즉 東魏代 國統이 설치되자 고구려에서도 중앙 僧官의 명칭이 변화되었을 것으로 생각된다. 그리고 慧光이나 法上처럼 최고 승관직에 임명되었던 승려들은 당시 고구려 불교계에서 명성을 얻고 있던 高僧들이었을 것으로 생각된다.

이상 살펴보았던 내용을 통해 5세기대 이후 고구려에서 僧官制가 성립되어 운영되었을 것으로 생각된다. 혜량은 陽原王代 이전, 거칠부가 고구려에 와서 그를 만났던 安臧王代나 安原王代 중앙 불교계에서 높은 지위의 僧官으로서 활동하였던 승려였다고 추측된다. 거칠부가 직접 확인했던 혜량의 위치와 활동을 토대로 하여 진흥왕은 혜량을 신라 최초의 僧統으로 임명하여 승관제를 체계적으로 정비하였던 것이다.

---

55) 山岐宏, 앞의 책, 1942, pp. 522~523.

2. 惠亮과 教團의 변화

惠亮은 6세기 전반 고구려 불교계에서 상당한 명성을 얻고 있었던 승려로서 높은 지위의 僧官이었을 것으로 생각된다. 그렇다면 혜량이 陽原王 7년(551년) 신라로 이주한 원인은 무엇이었을까. 그 원인은 다음의 내용을 통해 유추해 볼 수 있을 것 같다.

E. … (惠亮法師)對日 今, 我國政亂, 滅亡無日, 願致之貴域. 於是 居柒夫 同載以歸… (『三國史記』권44, 列傳4, 居柒夫).

陽原王 7년(551년) 혜량이 거칠부와 만났을 때 "지금 우리나라의 政事가 어지러워 멸망할 날이 얼마 남지 않았다"고 하여 신라로 데려가 주기를 부탁하였다. 즉 혜량이 신라로 이주했던 가장 큰 원인은 고구려 내부적인 정치 혼란과 그로 인한 국가 멸망에 대한 염려였던 것으로 생각된다. 이때 혜량이 언급했던 정치 혼란은 6세기대 들어 발생했던 고구려 중앙정치계의 변화와 밀접한 관련이 있는 것이다.

F-1. 是月(3월) 高麗弑其王安(『日本書紀』 권17, 繼體天皇 25년).
 -2. 是年 高麗大亂 被誅殺者衆 (百濟本紀云 十二月甲午 高麗國細群 與麤群 戰于宮門 伐鼓戰鬪 細群敗不解兵三日 盡捕誅細群子孫 戊戌狛 國香岡上王薨也)(『日本書紀』 권19, 欽明天皇 6년).

위 사료는 安臧王이 시해되고 安原王 末年 대규모 정치적 변란이 발생했던 내용을 전하고 있다. 長壽王 15년 평양으로 천도한 후 귀족세력의 분열과 대립이 발생하였는데 그러한 모습은 6세기에 접어들면서 표면화되었다. 특히 F-2에서와 같이 안원왕 말년 발생한 사건은 이러한 모습을 잘 나타내주고 있다. 이 사건은 안원왕의 中夫人측(麤群)과 小夫人측(細群)간에 왕위 계승을 놓고 발생한 왕위계승쟁탈전으로서 麤群과 細群으로 대표되는 당시 고구려 양대 정치세력사이의 충돌이었던 것이다. 결국 중부인측 세력(麤群)이 승리하면서 陽原王이 즉위하였다. 그러나 양원왕 즉위 이후에도 이 사건이 고구려 사회에 미친 영향은 상당하여 양대 정치세력간의 갈등과 대립은 계속 되었고 결국 고구려 정권운영의 모습이 귀족연립정권으로 변화되었던 것이다.56)

혜량이 이야기 했던 '政亂'의 구체적인 모습은 이처럼 안원왕 말년 발생한 왕위계승쟁탈전으로 생각된다.57) 그런데 혜량은 그 사건을 국가 멸망과 연관시켜 언급하였다. 이러한 모습은 단순히 母國을 떠나는 사람의 자기변명에 불과한 것이라고 생각할 수는 없을 것이다. 그렇다면 혜량이 '政亂'을 이처럼 심각하게 인식하였던 원인은 무엇이었을까.

먼저 陽原王 7년(551) 당시 혜량과 거칠부가 만났던 장소가 한강유역이었다는 점을 살펴보아야 할 것이다. 당시 혜량은 한강상류 지역 중 國原城(충주)에 건립된 사원에 주석하고 있었던, 지방에 거주하던 승려로 생각되고 있다.58) 그러나 앞의 내용에서 살펴보았듯이 혜량은 僧官으로서 중앙 불교계에서 활동하던 승려였다. 따라서 그가 중앙을 떠나 지방의 사원에서 머무르고 있었던 것은 분명히 이유가 있었을 것으로 생각된다.

혜량이 안원왕 말년 발생했던 왕위계승전과 직접적인 관련을 맺고 있었던 것이 아닌가 추측된다. 이 사건은 3일 동안의 전투 끝에 細群측 2000명이 제거되었던 대변란이었다. 만약 혜량이 이 사건과 직접 관련이 있었다면 상당한 피해를 보았을 것이다. 따라서 혜량에게는 국가 멸망의 징조로까지 심각하게 인식되었던 것으로 생각된다.

---

56) 노태돈, 「귀족연립정권과 연개소문의 정변」, 앞의 책, 1999, pp. 436~456.
57) 한편 혜량이 말한 '今我國政亂'을 다르게 보는 견해도 있다. 즉 이는 545년 발생한 왕위계승쟁탈 전의 여파가 지속된 것이 아닌 551년 당시 고구려 대외정세의 악화, 즉 한수유역의 상실과 돌궐의 침입과 같은 남북 兩戰線에서 발생한 대외위기 상황에 따른 정세불안 또는 정치혼란으로 여겨진다는 것이다(민철희, 앞의 논문, 2002, pp. 64~72).
58) 노태돈, 「귀족연립정권의 성립」, 앞의 책, 1999, p. 398.

그렇다면 혜량은 왕위계승전과 어떠한 연관이 있는 것일까. 먼저 왕위계승전에서 서로 대립하였던 細群세력과 麤群세력을 구체적으로 상정해 볼 필요가 있을 것 같다.[59] 細群세력은 양원왕의 즉위 이후 양원왕 및 중앙정권과 대립하고 있었던 丸都(국내성)세력으로 생각되고 있다. 즉 환도세력이 細群세력 또는 細群세력과 정치적 입장을 같이 하였던 세력이었다는 것이다.[60] 한편 麤群세력은 양원왕의 즉위를 지원하였던 세력으로 평양천도 이후 등장한 평양지역에 기반을 둔 신진정치세력들로 생각되고 있다.[61]

---

59) 金賢淑,「6세기 高句麗 執權體制 動搖의 一要因」,『경북사학』, 1992, p. 22. 보다 구체적으로 麤群세력과 細群세력을 살펴보고자 많은 연구들이 이루어졌다. 먼저 임기환은 麤群세력은 평양 천도 이후 새롭게 중앙정계에 등장했던 신진귀족세력으로, 細群세력은 국내계 귀족세력으로 구분하였다(앞의 책, 2004, pp. 265~281). 이도학은 함경남도 신포시 오매리 유적에서 발견된 금동판명문을 분석하여 이것을 제작한 집단을 細群으로 파악하였다(「新浦市 寺址 出土 高句麗 金銅板 銘文의 檢討」,『고구려 광개토왕릉비문 연구』, 서경, 2005). 한편 麤群은 고구려식 욕살체제를 추구하는 입장을 가진 세력으로, 細群은 漢文式의 군주체제를 지향한 세력으로 파악한 의견도 있다(주보돈,「三國時代 地方統治體制의 定着과정－高句麗의 事例를 중심으로」,『강좌 한국고대사』 2, 재단법인 가락국사적개발연구원, 2003). 최근 남무희는『日本書紀』의 성격과 '麤'와 '細' 글자의 용례를 면밀히 관찰하여 두 세력에 대해 살펴보았다. 즉 백제의 간첩들이 수집한 정보를 바탕으로『일본서기』에 기록이 전해졌던 것으로 생각하여 麤群은 백제로부터 멀리 떨어진 지역에 기반을 둔 세력(국내성 지역의 귀족세력)으로, 細群은 백제와 보다 가까운 지역에 기반을 두고 있었던 세력(평양 지역의 귀족세력)으로 구분하였다(남무희, 앞의 논문, 2007, pp. 47~48).

60) 이때 환도세력은 단순히 지방 세력만이 아닌 환도지역과 연고를 맺고 있는 중앙귀족까지도 포함된 세력으로 고구려 초기 이래 중앙귀족으로 성장했던 국내성을 지역적 기반으로 하는 전통적인 구귀족세력으로 생각하였다(임기환, 앞의 책, 2004, pp. 262~268).

61) 평양계 신진귀족세력들로 먼저 王山岳, 王高德과 같이 낙랑·대방군 이래 황해도 일대의 토착호족세력인 王氏系, 韓氏系 인물들을 들 수 있다. 또한 북중국의 정치적 변화에 따라 고구려로 망명했던 중국계 망명인들도 평양 천도 이후 등장한 신진귀족세력으로 추정하고 있다. 그리고 온달과 같이 6세기 이후 경제적 기반을 바탕으로 정치적 진출을 꾀했던 세력들과 고구려 후기 등장했던 高慈가문과 淵蓋蘇文가문을 신진정치세력의 대표적 예로 들었다(임기환, 앞의 책, 2004, pp. 269~281).

직접적인 자료를 통해 입증되지 않기 때문에 다소 무리한 추측이 될 수 있지만 만약 혜량이 양원왕과 대립하던 細群세력과 관련이 있었다면 양원왕 즉위 이후 승관직을 유지하며 중앙에서 활동하기는 어려웠을 것이다. 즉 혜량은 양원왕 즉위 이후 왕실 및 주요 귀족세력들과 연결된 기반을 상실하였고 결국 평양을 떠나 지방으로 내려왔던 것으로 생각된다.[62] 더구나 혜량이 평양을 떠나 거주하였던 한강유역이 細群세력과 관련된 지역이라는 점에서 혜량과 세군세력과의 관련성을 구체적으로 상정해 볼 수 있을 것 같다.

신라가 551년 이후 한강유역을 차지하고 東北지역으로 진출할 수 있었던 데에는 고구려와 신라 사이에 이루어진 일정한 묵계의 영향이었을 것으로 생각되고 있다.[63] 그런데 이때 신라가 진출했던 지역은 동옥저지역으로 환도(국내)세력의 배후기지였다. 따라서 환도세력은 자신들의 배후기지에서 펼쳐지는 신라의 군사행동에 큰 위협을 느끼고 있었으며 이를 묵인하고 소극적으로 대처하는 고구려 중앙 정권에 더욱 불만을 품게 되었던 것이다. 결국 환도세력의 이러한 불만은 양원왕 13년 환도 干朱里의 반란으로 표출되었다.[64] 혜량이 평양을 떠나 거주하였던 지역이 한강유역이었다는 사실을 통해 혜량과 환도세력, 즉 細群세력과의 관련성을 조심스럽게 유추해 볼 수 있을 것 같다.

---

62) 혜량이 신라로 망명한 이유를 안원왕대 왕위계승전으로 인해 그가 고구려 왕실과 연결된 기반을 상실함에 따라 이루어졌던 것으로 생각하였다(李乃沃,「淵蓋蘇文의 執權과 道敎」,『歷史學報』99·100합집, 1983, p. 79).
63) 신라와 고구려간의 화약은 552년이나 553년 초에 맺어졌던 것으로 생각되고 있다. 고구려가 이미 상실한 한강유역과 함흥평야 일대를 신라에게 넘겨주고 대신 양국이 화평한 관계를 맺는 것이 주된 내용이었을 것으로 생각되었다. 당시 고구려는 귀족 간 내분의 여파와 서북방면으로 등장한 돌궐과 같은 새로운 위협에 대비하기 위해 남부 국경선의 안정을 보장받기 위한 목적에서 신라와 밀약을 맺었을 것으로 생각하였다(노태돈, 앞의 책, 2000, pp. 433~434).
64) 임기환, 앞의 책, 2004, pp. 265~266.

결국 이러한 원인 때문에 혜량이 지방으로 내려왔다가 고구려를 떠나게 되었던 것이다. 그런데 혜량의 모습을 통해 6세기대 들어 나타났던 고구려 불교계의 변화를 생각해 볼 수 있다. 고구려의 불교는 왕실과 귀족들의 후원을 받으며 발전하였다. 그러나 자신들과 밀접한 연관을 맺고 있던 지배세력 내부의 분열과 대립과 같은 정치적 변화가 나타나자 불교계는 상당한 영향을 받았을 것으로 생각된다. 즉 佛敎敎團 내부의 세력들도 분열되어 그로 인한 혼란이 나타났을 것이다. 중앙귀족세력들이 참여하였던 왕위계승전과 같은 대규모 정쟁이 발생하는 과정에서 각각의 귀족세력들과 연결되어 있던 교단 내부 세력들 간에도 분열과 대립이 발생하였던 것으로 생각된다.

그리고 이처럼 대립하던 귀족세력 들 중 한쪽 세력과 연결되었던 것으로 생각되는 혜량이 고구려 멸망을 예언하며 신라로 망명하였던 사실을 보면 당시 고구려의 정치적 상황과 불교교단 내부의 분열과 갈등은 상당히 심각하였던 것으로 생각된다. 즉 6세기대 들어 발생했던 정치적 상황의 변화에 따라 고구려 불교계의 분열과 혼란이 야기되었던 것으로 惠亮이 신라로 이주한 이후 고구려에서는 이러한 변화를 재건하기 위한 여러 가지 방법과 노력들이 모색되었을 것으로 생각된다.

한편 혜량은 신라로 이주한 후 진흥왕대 신라 불교의 발전에 중요한 역할을 하였던 것으로 생각된다. 앞서 살펴보았던 것처럼 혜량은 신라 승관제의 성립과 정비과정에 일정한 역할을 하였다. 다음으로 혜량이 신라에서 百座講會와 八關會를 최초로 실시하였다는 점이 주목된다. 백좌강회는 『仁王經』을 통독하는 법회로서 국가의 안녕을 기원하는 행사였다.[65] 신라에서 이러한 성격의 백좌강회가 진흥왕 12년 惠亮에 의해 처음 실시되었던 것은 의미가 있을 것으로 생각된다. 특히 이때는 진흥왕이 태후의 섭정으로부터 벗어나 친정체제를 구축하고 開國 연호를 사용하였고 전쟁을 통해 국가영

---

65) 이기백, 앞의 책, 1986, pp. 53~56.

역의 확장에 성공하던 시기였다. 따라서 진흥왕은 護國經的 성격을 가지고 있는 『仁王經』을 설강하는 백좌강회를 개최하여 護國을 위한 護法정책을 실시하였던 것이다.[66] 또한 이를 통해 정복사업을 성공적으로 추진하기를 기원하면서, 새로 개척한 지방의 인민들에게 충성을 강조하였던 것으로 생각된다.[67] 팔관회 역시 백좌강회와 마찬가지로 護國적인 목적을 가진 의식이었다.[68] 즉 이러한 의식들은 불교의 護國思想을 대변하는 대표적 법회였던 것이다.[69] 따라서 혜량을 통해 고구려에서는 551년 이전 이미 백좌강회와 팔관회와 같은 불교의식이 실시되었다는 것을 알 수 있다.[70]

그런데 신라에서는 백좌강회나 팔관회와 같은 의식이 皇龍寺에서 거행

---

[66] 남동신, 앞의 논문, 2001, pp. 18~23. 그런데 이 논문에서는 551년 신라의 백좌강회 실시여부에 대해 의문을 던지고 있다. 왜냐하면 중국에서 처음 『仁王經』을 강설하였던 것은 梁武帝 永定 3년(559)으로서 혜량이 신라에서 백좌강회를 실시한 해보다 8년 후였다고 한다. 따라서 『三國史記』의 기사만을 가지고 중국보다 앞서서 고구려 및 신라에서 먼저 백좌강회가 실시되었을 가능성에 대하여 의문시된다고 하였다. 더구나 『仁王經』은 5세기 후반 이후 북위에서 저작되었던 僞經으로 추정되고 있다(鎌田茂雄, 『中國佛敎史』 4, 東京大學出版會, 1984, p. 247). 따라서 551년 이전 고구려에서 백좌강회가 실시되었을 가능성에 대해서도 신중한 검토가 필요할 것으로 생각된다. 그러나 위 논문에서도 언급되었듯이 중국 측 자료의 부정확성으로 인한 기록의 미비 또는 중국보다 앞서 고구려에서 이러한 법회가 먼저 실시되었을 가능성도 고려해보아야 할 것으로 생각된다. 따라서 중국과 고구려 및 신라에서 백좌강회의 실시 시기에 대한 정확한 고찰이 필요하다고 생각된다.
[67] Pankaj Mohan, 「국가주의적인 신라불교의 형성에서 고구려의 역할」, 『고구려와 동아시아―문물교류를 중심으로』, 고려대학교 박물관 주최 국제학술심포지움 발표요지문, 2005, p. 48. 이 논문에서 진흥왕은 백좌강회를 통해 새로 개척한 지방민들에 대한 충성을 이끌어내고자 했던 것으로 보았다.
[68] 팔관회는 1달에 6일만이라도 8戒를 지킬 것을 권유한 데서 나왔다고 한다. '一月六齊 持八戒'의 의례를 팔관회라 하는 데, 이를 행하면 지옥·아귀·축생의 3악도에 떨어지지 않고 불법을 배워 미륵이 하생하여 성불한 후 설법하는 龍華會上에서 만나는 등의 공덕이 있다고 한다(김영미, 앞의 책, 1994, p. 58).
[69] 李基白, 「三國時代 佛敎受容과 그 社會的 意義」, 앞의 책, 1986, pp. 23~24.
[70] 고구려에서 551년 이전 백좌강회가 실시되었을 가능성에 대한 논란에 대한 설명은 주) 64 참조.

되었다. 황룡사는 진흥왕이 창건한 호국사찰로서 寺主가 國統이었다. 황룡사에 대한 발굴조사 결과 황룡사의 가람배치가 변형된 1탑 3금당식이었고 고구려척을 사용했다는 사실이 밝혀졌다. 이러한 내용을 통해 황룡사가 고구려 불교의 영향을 받았던 것으로 생각되고 있다.[71] 그렇다면 혜량이 진흥왕대 황룡사의 창건에도 영향을 주었던 것으로 생각된다.[72]

한편 진흥왕에게 혜량이 미친 영향에 대해서 한 가지 더 설명이 가능하다면 바로 진흥왕의 法號와 관련해서이다. 진흥왕이 승려로 출가한 후 법호를 法雲으로 사용하였다.[73] 法雲은 "가르침의 구름"이라 뜻으로 보살이 추구하는 보살도의 최종단계를 뜻하는데, 이 개념에 대한 설명이 『十地經』에 잘 나타나 있다고 한다. 이것은 신라 왕권이 신격화된 증거로서 지혜의 완성과 중생 구제를 지향하는 보살의 상징으로 나타났던 것이라고 하였다.[74] 그런데 진흥왕에게 『十地經』을 강설하여 이러한 개념에 대해 설명하

한편 팔관회와 관련해서는 다음의 내용이 주목된다. 고구려 소수림왕대 이전 불교가 수용되었을 가능성을 이야기할 때 언급되는 인물이 동진의 고승 支遁道林 (314-366)이다. 지둔도림과 서신을 교환한 高麗道人의 존재를 통해 소수림왕대 이전 고구려에 불교를 받아들여 깊이 이해하고 있었던 승려가 존재하였던 것으로 생각되고 있다. 그런데 지둔도림이 팔관재회를 행했다는 기록이 있어 주목된다(박윤선, 앞의 논문, 2004, pp. 229~300). 지둔도림과 고려도인과의 직접적인 접촉은 이루어지지 않았지만 계율을 중시하던 지둔도림의 모습이 서신을 통해 전달되었을 것으로 생각된다.

71) 남동신, 앞의 논문, 2001, pp. 10~12.
72) 李基白, 「三國時代 佛敎受容과 그 社會的 意義」, 앞의 책, 1986 ; _____, 「皇龍寺와 그 創建」, 같은 책, 1986.
73) 『海東高僧傳』권1, 法雲傳
74) 즉 진흥왕은 轉輪聖王이자 보살, 세계의 정복자이면서 동시에 세속을 떠난 출가자로 간주하였던 것으로 보았다. 이러한 모습은 세상정복과 보살정신이 서로 배치되는 것으로 볼 수도 있다. 즉 중국 북조불교계에서 나타났던 황제에 대한 인식과 남조불교에서 나타난 황제에 대한 인식이 진흥왕에게서는 모두 발견되는 것이다. 그러나 이러한 인식은 서로 대립될 필요가 없는 것으로 보았다. 즉 진흥왕대 신라 불교는 중국 북조불교의 기본 틀 안에서 남조불교가 재편되었던 것으로 남북조 불교의 성격이 서로 충돌하지 않고 조화롭게 적용 되었던 것으로 생각하였다(Pankaj Mohan, 앞의 논문, 2005, pp. 49~51).

였던 것은 혜량이었을 것으로 생각된다. 왜냐하면 혜량이 신라로 오기 전 고구려에는 이미 『十地經』이 소개되어 있었을 것으로 생각되기 때문이다.

平原王代 北齊의 法上에게 求法하였던 義淵이 『十地經』, 『大智度論』, 『地持經』, 『金剛般若經』과 같은 諸論에 대해 질문하였다는 점을 통해 평원왕대 이전 고구려에 『十地經』이 이미 전해졌다는 것을 알 수 있다.[75] 따라서 진흥왕이 法雲이라는 법호를 사용하는 데 혜량이 영향을 미쳤을 것으로 생각된다. 이처럼 혜량은 진흥왕대 신라 불교의 발전에 많은 영향을 주었던 것으로 생각된다.

지금까지 살펴본 혜량의 활동을 통해 고구려 승관제의 모습과 6세기에 접어들면서 나타났던 불교교단의 변화에 대해 검토해보았다. 혜량은 고구려에서 6세기 전반까지 僧官으로 활동하며 상당한 명성을 얻고 있었던 승려로 생각된다. 그는 신라의 황룡사와 같은 寺格을 지닌 사원에서 백좌강회와 팔관회를 주관하였을 것으로 생각된다.[76] 그러나 안원왕 말년 발생했던 왕위계승전과 연관되어 중앙을 떠나 지방으로 내려갔다가 결국 신라로 이주하였던 것으로 생각된다. 혜량은 僧官制의 성립, 護國法會의 실시, 皇龍寺의 창건 등과 같은 진흥왕대 신라 불교 발전에 중요한 역할을 하였던 것으로 유추된다.

---

75) 『海東高僧傳』권1, 釋義淵傳
76) 그렇다면 惠亮이 평양 지역에서 활동했을 때 주석하였던 사원은 어디였을까. 자세히 알 수 없지만 문자왕 7년 창건되었던 금강사일 가능성이 클 것으로 생각된다. 광개토왕대 평양 지역에 9寺가 창건된 이후 기록상 처음 등장하는 사원이 금강사이다. 따라서 금강사의 창건은 의미가 있을 것으로 생각된다. 문자왕의 태자 책봉 직후 창건된 금강사는 당시 왕실과 밀접한 관련을 맺고 운영되었을 것으로 상당한 규모의 8각다층 목탑이 존재하고 있었다. 즉 규모나 사원 배치적 측면에서 금강사와 황룡사는 비슷한 모습을 보여주고 있다. 따라서 문자왕대 이후 금강사가 새로운 왕실 사원으로서의 역할을 하고 있었던 것이 아닌가 생각된다. 따라서 惠亮이 僧官으로서 백좌강회나 팔관회와 같은 불교의식을 주재하였을 사원으로 금강사를 상정해 볼 수 있을 것 같다.

3. 義淵과 僧官制의 재정비

惠亮의 활동에 대한 검토를 통해 알 수 있듯이 陽原王代 고구려 불교교단은 분열되고 상당히 혼란스러웠던 것으로 생각된다. 陽原王 7년(551) 혜량이 신라로 이주한 사실은 그러한 모습을 알려주는 대표적인 예인 것이다. 그러나 平原王이 즉위한 이후 점차 정국이 안정되면서 교단 내부의 혼란과 변화를 해결하기 위해 노력하였을 것으로 생각되는 데 이 시기 활동하였던 승려 義淵이 주목된다.

의연의 여러 활동 가운데 가장 중요시되는 모습은 바로 北齊의 法上에게 求法한 것이다. 고구려의 승려들 중 중국과 일본으로 건너가 활동했던 승려들은 많다. 그러나 귀국하여 다시 고구려에서 활동하였던 승려들은 상대적으로 적은 편이다. 더구나 의연은 求法의 과정과 귀국 이후의 활동 모습을 비교적 자세하게 살펴볼 수 있는 기록이 있어 당시 고구려와 중국과의 불교 교류 및 불교계의 상황을 살펴볼 수 있어 주목된다.

의연이 활동 내용은 『歷代三寶紀』권12, 『續高僧傳』권1 法上傳, 『海東高僧傳』권1 釋義淵傳, 『三國遺事』권3 興法3 順道肇麗條 등에 전해지고 있다. 이 중 의연에 관련된 구체적인 내용은 『海東高僧傳』에 수록되어 있으며, 다른 기록들은 의연에 대해서 부분적으로 언급하였다. 『歷代三寶紀』와 『續高僧傳』에는 의연과 법상의 만남과 관련된 내용이 기록되어 있다. 그리고 『三國遺事』順道肇麗條의 細註부분에서 의연에 대해 간단히 언급하였다.

의연과 관련된 모든 기록들을 살펴보아도 그의 生沒年代를 정확히 알 수 없다. 그렇지만 다음의 기록을 검토해보면 의연의 활동시기를 대략적으로 추정해 볼 수 있다.

G. 上(法上)答云 … 滅度至今齊世武平七年丙申, 凡一千四百六十五年 … (『海東高僧傳』권1, 釋義淵).[77]

---

77) 章輝玉, 『海東高僧傳研究』, 민족사, 1991.

의연이 北齊로 건너가 법상을 만난 때가 北齊 武平 7년 丙申, 즉 平原王 18년(576)이었다. 이를 통해 볼 때 의연은 高句麗 平原王代(559-589)를 중심으로 그 전후의 시기에 활동하였던 승려였다고 생각된다.

H. 釋義淵, 高句麗人也. 世系緣致, 咸莫聞也, 自隸剃染, 善守律儀. 慧解淵深, 見聞泓博, 兼得儒玄, 爲一時道俗所歸, 性愛傳法, 意在宣通, 以無上法寶, 光顯實難, 未辨所因(『海東高僧傳』권1, 釋義淵).

이처럼 의연의 世系, 그 신분에 대해서는 전혀 알려져 있지 않다. 의연뿐만 아니라 다른 고구려 승려들의 신분에 대해서도 자세히 알 수 없다. 그렇지만 의연이 중국 求法僧이었다는 점에서 그 신분을 대략 추정해 볼 수 있지 않을까 생각된다. 신라의 경우에서 알 수 있듯이 삼국시대 求法僧들의 신분은 대부분 眞骨중심 귀족계층이었다고 한다.[78] 따라서 신라와 마찬가지로 신분제가 엄격하게 유지되었을 것으로 생각되는 고구려도 비슷한 상황이 아니었을까 추측된다.

그리고 의연은 大丞相 王高德과 밀접한 관계를 맺고 있었다. 평양 천도 이후 고구려의 중앙 정계는 國內지역을 세력기반으로 하는 舊貴族세력과 平壤을 기반으로 하는 新進貴族세력들이 더불어 존재하였는데, 왕고덕은 신진귀족세력의 대표적 인물이었다. 즉 왕고덕은 6세기대 이후, 고구려 후기 중요한 정치세력 중의 하나였다.[79] 따라서 왕고덕과 긴밀하게 연결된 의연 역시 평양 천도 이후 중앙 정계에 등장한 신진귀족출신으로 추측해 볼 수 있을 것 같다.

의연은 스스로 출가하였다.[80] 그는 출가 이후 승려로서 널리 명성을 얻었던 것으로 생각된다. 儒敎와 道敎를 두루 겸비한 폭넓은 학식과 활발한

---

78) 權悳永,「三國時代 新羅求法僧의 활동과 역할」,『청계사학』4, 1987, pp. 14~22.
79) 林起煥,「6·7세기 高句麗 政治勢力의 동향」,『한국고대사연구』5, 1992, pp. 15~20 ; 앞의 책, 2004, pp. 272~274.

傳法活動으로 종교적, 사회적으로 존경을 받았던 것이다.[81]

 I-1. 是時, 高句麗大丞相王高德, 乃深懷正信, 崇重大乘, 欲以釋風, 被之海曲. 然莫測其始末緣由, 自西徂東, 年世帝代. 故件錄事條, 遣淵乘帆向鄴, 啓發未聞.
 -2. 其略曰, 釋迦文佛, 入涅槃來, 至今幾年. 又在天竺, 經歷幾年, 方到漢地. 初到何帝, 年號是何. 又齊陳佛法, 誰先從爾, 至今歷幾年帝. 請乞具注. 其十地·智度·地持·金剛般若等諸論, 本誰述作, 著論緣起, 靈瑞所由, 有傳記不, 謹錄諮審, 請垂釋疑(『海東高僧傳』권1, 釋義淵).

의연의 생애와 활동 가운데 가장 주목되는 것은 바로 北齊로 건너가 法上을 만난 것이다. 그렇다면 의연이 북제로 향한 동기와 그 과정을 보다 자세히 살펴볼 필요가 있을 것 같다. 그것은 H와 I-1, 2 기록을 통해 살펴볼 수 있는데, 傳法活動 중에 의연은 불교에 관한 보다 자세한 지식이 꼭 필요하다고 생각하였던 것 같다. 그리고 대승상 왕고덕 역시 의연과 같은 필요성을 느끼고 있었다.

I-2는 당시 의연과 왕고덕이 알고자 하였던 내용들이다. 석가가 涅槃한 시기, 중국에 불교가 전래된 시기, 불교가 중국에 처음 전해졌을 때의 황제와 연호, 齊와 陳 중 어느 쪽에 먼저 불교가 전래되었는지, 불교경론 등의 저자와 그러한 경론들을 찬술하게 된 유래나 상서로운 징조들을 기록한 서적들의 존재에 관한 내용들이다.

---

80) 義淵이 스스로 출가하였다는 사실을 통해 그의 신분을 다시 한 번 추정해 볼 수 있을 것 같다. 신라의 경우 거칠부, 驟徒와 같이 지배층 신분인 경우 출가와 환속하는 과정이 스스로의 의지대로 이루어졌던 것으로 생각되고 있다(길기태, 앞의 논문, 2005, pp. 99~100).

81) 義淵이 유교와 도교를 수학하였던 것은 출가하기 이전이었던 것으로 생각된다. 고구려에서 유교를 교육하던 기관으로 태학과 경당이 있다(李基白, 「儒敎 受容의 初期形態」, 앞의 책, 1986, pp. 195~200). 따라서 義淵도 역시 이러한 교육기관에서 유교를 수학하였을 가능성이 있기 때문에 그 신분을 귀족출신으로 볼 수 있을 것으로 생각하였다(남무희, 앞의 논문, 2001, pp. 104~105).

즉 佛敎의 역사와 불교교학에 관련된 것으로 평원왕대 당시 고구려에서 불교와 관련된 구체적인 내용들을 알고자 했다는 것을 알 수 있다. 의연은 이러한 내용을 알아보기 위하여 北齊에 求法하였던 것이다. 당시 의연은 고구려를 대표하는 신분으로 북제에 갔던 것으로 생각되는데, 왕고덕이 그를 배에 태워 보냈다는 것에서 추측해 볼 수 있겠다.[82] 즉 의연이 북제로 구법을 떠났던 데에 왕고덕으로 대표되는 당시 정치 세력의 영향이 컸던 것으로 생각된다.

그런데 평원왕 당시 고구려의 외교 관계와 중국 北朝의 불교계 상황을 살펴보면 의연의 북제행에는 보다 더 중요한 이유가 있던 것으로 생각된다. 평원왕 당시 고구려와 북제의 외교 관계는 매우 불안정하였다. 특히 평원왕 6년(564년) 신라가 북제에 조공한 이후부터 양국 관계가 악화되는데, 이후 고구려는 南朝 陳과 연결하여 북제를 견제하였던 것이다.

평원왕 7년(565)부터 15년(573)까지 북제와 외교 관계가 전혀 이루어지지 않았지만 진에는 3차례(평원왕 8, 12, 13년)에 걸쳐 사신을 파견했던 사실을 통해 알 수 있다.[83] 고구려와 북제의 외교 관계가 다시 재개된 시기는 평원왕 15년(573)이었다. 그렇지만 바로 다음 해인 평원왕 16년(574)에 고구려가 진에 조공했던 점으로 보아 북제와는 계속 긴장 관계에 있었음을 알 수 있다.[84]

더구나 당시 北朝의 불교계는 매우 혼란스러웠다. 北周에서는 武帝의 廢佛정책(574-577)이 시행되어 모든 佛像과 佛塔들이 파괴되었고 승려들이 환속 당하였다. 또 많은 사원들이 왕실 종친들과 귀족들의 사유물화 되었

---

82) 신라의 경우 삼국 시대 구법승들은 모두 해로를 통해 사신 왕래시에 동행하였다 (권덕영, 앞의 논문, 1987, p. 13).
83) 노태돈, 「영역국가체제의 형성과 대외관계」, 앞의 책, 1999, pp. 349~352.
84) 義淵이 북제로 건너 간 시기에 대해서 알 수 없다. 그렇지만 義淵이 公的인 신분이었던 것으로 생각되기 때문에 고구려와 북제의 외교 관계가 재개된 평원왕 15년 이후의 시기일 것으로 추측된다.
85) K. S.케네스첸 著, 박해당 譯, 『중국불교』上, 민족사, 1991, p. 213.

다고 한다.[85] 한편 北齊에서는 文宣帝 이후 황제들의 지나친 奉佛로 인해 불교계가 퇴폐하였다.[86] 이처럼 혼란스러운 北朝불교계의 상황 속에서 외교적으로도 긴장관계에 있었던 북제로 의연이 求法行을 간 것은 주목되는 사실이다.

더구나 의연과 비슷한 시기에 활동하였던 고구려 求法僧들이 대부분 南朝로 향했던 사실과 비교하면 의연이 북제로 구법했던 것은 중요한 의미가 있을 것으로 생각된다. 6세기 중·후반기 활동하였던 것으로 생각되는 波若, 智晃, 印法師, 實法師 등은 대부분 南朝에 구법하였다. 당시 南朝의 불교문화 수준은 북조에 비해 매우 우월하였는데, 崇佛皇帝 양무제가 조성한 建康의 불교문화는 중국 내에서도 가장 수준 높은 것이라 평가받고 있다.[87] 고구려와 남조의 외교 관계는 6세기 말까지 우호적으로 지속되고 있었다.[88] 따라서 이러한 이유들로 인하여 많은 고구려의 求法승들이 南朝로 향했던 것으로 생각된다.[89]

J. … 聞前齊定國寺沙門法上, 戒山慧海, 肅物範人. 歷跨齊世, 爲都統, 所部僧尼, 不減二百萬, 而上綱紀將四十年. 當文宣時, 盛弘釋典, 內外闡揚, 黑白咸允, 景行旣彰, 逸響遐被…(『海東高僧傳』권1, 釋義淵).

무엇보다 의연은 특별히 法上과 북제 불교계의 모습을 주목하였던 것 같다. 법상(495-580)은 당시 사람들이 "京師의 極望은 道場의 法上"이라고 칭송할 만큼 그 명성이 대단하였다.[90] 또 학문적으로도 명망이 높아 고구려

---

86) 鎌田茂雄 著, 章輝玉 譯, 앞의 책, 1996, pp. 406~409.
87) 정예경, 『중국 북제·북주 불상연구』, 혜안, 1998, p. 44.
88) 노태돈, 앞의 책, 1999, pp. 304~309.
89) 이러한 이유들로 인해 고구려 불교가 남조의 영향을 받았을 가능성이 여러 가지 측면에서 검토 되었다(辛種遠, 앞의 책, 1992, pp. 196~197 ; 土居邦彦, 앞의 논문, 1999, p. 395).
90) 『續高僧傳』권8, 法上傳

에서 필요로 하였던 불교에 관한 지식을 얻기에 합당한 인물이었을 것이다.

법상은 나이 40세(534)때에 鄴都에서 統師가 되어 僧錄을 장악했으며 북제가 흥기하자 文宣帝의 추앙을 받았다. 법상의 스승이었던 惠光 역시 북제의 僧統이었다. 특히 그는 四分律 연구의 대가였는데, 승통에 취임하여 불교계를 정비할 때 이 사분율을 기준으로 하였다고 한다.

북제에 설치되었던 昭玄十統에는 혜광 문하 법상 일파가 임명되었다. 특히 문선제는 법상을 大統에 임명하는 한편 國師로까지 추대하였고, 왕과 왕비・여러 중신들이 그에게서 보살계를 받았다고 한다.[91] 법상은 북제에서 교단을 통제하던 최상위의 승려로서 文宣帝와 귀족 대관들의 지원을 얻어 四分律과 같은 律學의 전문적 지식을 활용하여 점차 부패타락의 조짐을 보이던 당시 불교계를 숙정하였다.[92] 이처럼 법상이 僧統으로서 북제 불교계를 총괄하며 정비하는 중요한 역할을 하였다는 점이 주목된다.

중국의 승관제는 南北朝가 서로 다른 성격으로 발전하였다. 대체로 北朝 불교는 왕권을 바탕으로 불교를 통제하려는 성격이 강했고, 僧官・僧政기구도 국가적인 차원에서 운영되었다고 한다. 반면 지방분권적이면서 귀족적인 성격이 강하여 국가권력의 개입이 쉽지 않았던 南朝에서는 중앙의 승정기구가 발달하지 못했고, 지방의 대사원을 중심으로 독자적인 승정기구가 발달하였던 것으로 생각되고 있다. 남북조 이후 隋・唐대의 승관제는 북제의 것을 계승하여 발전하였다. 특히 국가가 불교를 강력하게 통제하는 북제 승관제의 특징을 계승하였던 것이다.[93]

이처럼 강력한 국가 통제 하에 놓여 있었던 북제 불교계의 모습과 僧統으로서 왕실, 귀족들의 후원을 얻어 교단을 정비하던 법상에 대해 고구려 불교계와 정치세력들이 관심을 갖게 되었을 것이다. 자세히 알 수 없지만 의연은 북제로 건너가 I-2의 내용에서 언급되었던 불교 지식뿐만 아니라 승

---

91) 『續高僧傳』권8, 法上傳.
92) 山崎宏, 앞의 책, 1942, p. 506.
93) 남동신, 앞의 논문, 1995, pp. 67~68.

관제의 정비와 운영, 불교와 왕과의 관계, 국가의 불교 통제 등과 관련된 모습들을 직접 살펴보기 위해 구법행을 떠났던 것으로 생각된다.

의연이 법상과 만났을 때 法上은 그 질문들에 대해서 정확하고 상세하게 대답해 주었다고 한다.[94] 따라서 직접적으로 드러나 있지는 않지만 질문과 대답의 과정 속에서 의연은 알고자 원했던 모든 내용들에 대한 이해를 얻었을 것으로 생각된다.

이제 의연은 귀국하여 더욱 활발한 활동을 펼치게 된다. 의연이 귀국한 시기에 대해서 자세히 알 수 없다. 그렇지만 의연은 적어도 평원왕 19년 무렵(577)에는 귀국하였을 것으로 생각된다.[95] 왜냐하면 의연과 법상이 만난 다음 해(577)에 북제가 北周에 의해 멸망하였기 때문이다.[96] 더구나 북주의 武帝는 폐불 정책을 북제에 시행하여 불교계가 상당히 혼란하였다.[97] 따라서 의연이 이러한 상황 속에서 계속 중국에 머물러 있었을 것으로 생각되지 않는다.

K. … 旣返國, 揄揚大慧, 導誘群迷, 義貫古今, 英聲籍甚. 自非天質大拔, 世道相資, 何以致如斯之極哉 …(『海東高僧傳』권1, 釋義淵).

이제 의연은 귀국하여 더욱 활발한 활동을 펼치게 된다. 정비된 교학이론을 바탕으로 부처님의 지혜를 찬양하고 중생을 제도하는 등 활발한 전법

---

94) '上答指證, 由緣甚廣, 今略擧要'(『海東高僧傳』권1, 義淵傳).
95) 남무희는 義淵의 귀국시기를 평원왕 18년(576)으로 보았다. 「釋義淵傳」에 北周와 관련된 기록이 없으며 북주에서 폐불을 단행하였고 고구려에 침입하였다는 점 등을 들어 의연의 귀국시기를 평원왕 18년으로 보았다(남무희, 앞의 논문, 2001, p. 112). 그러나 바로 다음 해인 평원왕 19년(577) 고구려는 사신을 보내 북주에 조공하였다(『三國史記』권19, 高句麗本紀 7, 평원왕 19년조). 따라서 의연도 이때 고구려 사신을 따라 귀국하였을 것으로 생각된다.
96) 의연이 법상과 만난 때는 북제 武平 7년 丙申年(576, 평원왕 18년)이었다(『海東高僧傳』권1, 釋義淵傳).
97) 鎌田茂雄 著, 章輝玉 譯, 앞의 책, 1996, pp. 435~446.

활동을 펼쳤다. 뿐만 아니라 세상의 도리가 의연의 활동을 도와주었다는 내용을 통해 그의 활동을 지원해 주는 후원세력이 존재하였던 것 같다. 그 후원세력으로는 의연이 북제로 求法하는 데에 영향을 주었던 왕고덕을 생각해 볼 수 있다. 따라서 의연은 귀국 후 대승상 왕고덕으로 대표되는 당시 정치 세력들과 밀접한 연관을 맺고 활동하였을 것으로 생각된다.

大丞相이 어떠한 관직인지 정확히 알 수 없지만 大對盧로 추정되고 있다.98) 왕고덕은 陽原王·平原王代 중앙 정계에서 당시 왕권과 연결되어 활동하였던 신진귀족세력의 대표적 인물이었던 것이다.99) 왕고덕은 의연의 활동을 후원하며 밀접한 관련을 맺고 있었다. 그러므로 당시 왕고덕과 같이 왕과 연결되어 있던 신진귀족세력들이 의연을 주목하고 그 활동을 후원해 주었던 것으로 생각할 수 있다. 그렇다면 이런 세력들이 의연을 후원해 주었던 것은 무엇 때문이었을까. 그 이유는 당시 정치 상황과 불교계 상황을 통해 알아볼 수 있을 것 같다.

평원왕대의 정국은 상당히 안정되었던 것 같다. 평원왕 이후 연개소문의 정변(642)이 있기까지 아무런 정쟁 기사가 발견되지 않기 때문이다.100) 그렇지만 평원왕대 이전 고구려의 정치적 상황은 대단히 불안정하였고 불교계 역시 혼란스러웠다. 혜량을 통해서 그러한 모습을 확인할 수 있다.

혜량은 僧官으로서 6세기 전반 고구려 불교계에서 명망 받던 승려였던 것으로 생각된다. 혜량이 고구려 불교계에서 차지하고 있었던 지위와 역할이 고려되었기 때문에 다른 신라 승려들을 제치고 불교계를 총괄하는 최초의 僧統이 되었던 것이다.101) 그런데 이러한 위치에 있었던 혜량이 신라로

---

98) 임기환, 앞의 논문, 1992, p. 16 ; 앞의 책, 2004, p. 272.
99) 평양천도 이후 장수왕에 의해 중앙 정계에 진출하였던 낙랑·대방군 황해도일대 토착호족세력인 왕씨계로서 고구려 후기 귀족사회에서 큰 비중을 차지하고 있었던 세력으로 보았다(임기환, 앞의 논문, 1992, p. 16 ; 앞의 책, 2004, pp. 273~274).
100) 임기환, 앞의 논문, 1992, p. 24 ; 앞의 책, 2004, p. 282.

건너간 것은 고구려 불교교단 내부의 변화와 밀접한 연관이 있다.

안원왕 말년 중앙 귀족 세력 간의 분열과 대립으로 인한 정쟁이 발생한 이후 귀족연립정권이 성립되었다. 즉 고구려의 왕권이 약화되자 그 간 불교교단에 행해지던 강력한 통제력이 약해지게 되었던 것이다. 또 교단내부에서도 각각 귀족 세력들과 연결되어 있던 세력들 간의 분열과 대립이 발생하였을 것이다.

그런데 평원왕대 들어 정국이 안정되고 왕권의 위상도 어느 정도 회복되자 고구려를 둘러싼 외부 적대세력들에 대비하기 위해 적극적으로 국내 통치체제를 재정비하였다.[102] 그리고 불교계의 혼란을 해결하고자 하는 노력도 함께 나타났을 것으로 생각되는 데 가장 먼저 혜량과 관련된 僧官制의 재정비가 우선되었을 것이다. 따라서 평원왕의 측근 세력 왕고덕과 의연은 황실과 귀족들의 후원을 얻어 강력하게 教團을 통제하고 있던 북제의 승관제과 법상을 주목하였던 것이다. 그리고 의연이 직접 북제로 건너가 승관제의 운영 모습에 대하여 살펴보았던 것으로 생각된다.[103]

---

101) 신라 승관제는 신흥왕 11년(550)에 大書省이 임명되고, 다음해인 진흥왕 12년에 國統, 大都維那, 등의 승관이 설치되면서 실시되었다(『三國史記』권40, 職官志下 武官 ;『三國遺事』권4, 義解, 慈藏定律).

102) 이러한 모습은 552년부터 長安城을 새롭게 축조하는 모습을 통해 알 수 있다. 이는 기능적이고 강력한 방비체제로서 고구려 통치체제가 재정비되고 있음을 확인할 수 있다(李成市,「高句麗와 日隋外交―이른바 國書問題에 관한 一試論」,『碧史李佑成敎授停年退職記念 民族史의 展開와 그 文化』上, 1990, p. 62 ; 李成制,「高句麗와 北齊의 관계」,『한국고대사연구』23, 2001, p. 254 주) 50 참조).

103) 그런데 혜량은 南朝불교의 영향을 받았던 것으로 생각되고 있다. 이것은 혜량이 소개한 八關會가 南朝에서 유행 발전하였다는 점에서 그러하다(신종원, 앞의 책, 1992, pp. 196~197). 그러나 혜량이 실시하였을 팔관회가 경전에 입각한 개인의 불교수행이라는 남조의 팔관회와 그 성격이 같았던 것으로 생각되지 않는다. 그러나 6세기대 이후 남조에 구법하던 승려들이 많았던 사실을 통해 혜량이 남조불교의 영향을 전혀 받지 않았다고 말 할 수 없다. 그런데 만약 남조불교의 영향을 받은 혜량이 신라로 망명하였다면 고구려에서는 불교계의 분위기를 쇄신하고자 국가가 불교를 강력하게 통제하였던 북조, 특히 北齊의 불교에 더욱 관심을 갖게 되었을 것으로 생각된다.

의연이 법상을 직접 만나서 보고 들었던 北齊 승관제를 모범으로 하여 고구려에서도 의연을 중심으로 왕실과 親王的 귀족세력들이 승관제를 재정비하였을 것으로 생각된다. 의연은 고구려에 출가 승려들의 계율인 四分律을 소개하였던 것으로 생각된다.[104] 북제에서 혜광과 법상이 四分律에 의거하여 敎團을 정비하였다는 점에 비추어 볼 때 의연 역시 四分律에 의거하여 승관제를 재정비하였을 것이다.

승관제의 정비는 불교교단에 대한 국가 통제력을 강화시키는 것이었다. 왕고덕과 같은 親王的 귀족세력들이 佛敎史와 佛敎敎學에 대한 깊이 있는 이해를 이루고자 했다는 것은 불교에 대한 전문적 지식을 강화하여 교단을 통제하고자 했던 모습으로 생각할 수 있다.[105] 따라서 의연이 귀국한 이후 고구려 승관제는 재정비되었고 불교교단 내부적인 분열과 혼란은 어느 정도 해결되었던 것으로 생각된다.

그 결과 평원왕대, 영양왕대 고구려 불교는 더욱 발전하였다. 이 시기 일본에서 고구려 승려들의 활동이 점차 부각되기 시작하였다는 점을 통해서도 잘 알 수 있다. 평원왕대 일본에서 활동했던 고구려 환속승 惠便은 日本大臣 蘇我馬子의 스승으로 일본에서 가장 먼저 교화 활동을 펼친 고구려 승려였다.[106] 혜편에 의해 평원왕 26년(584)에 일본에서 처음 3명의 비구니가 배출되었다고 한다.[107] 혜편이 일본으로 건너간 시기에 대해서 정확히

---

104) 남동신, 앞의 논문, 1995, p. 90.
105) 특히 平原王代 불교 역사에 대한 관심이 귀족세력들과 고구려 사회에서 나타났다는 점이 주목된다. 이러한 역사에 대한 관심은 嬰陽王代『新集』과 같은 역사서 편찬으로 이어졌던 것으로 생각된다. 한편 남무희는 이때 나타났던 불교 역사에 대한 관심을 불교세력과 도교세력간의 대립에 기인한 것으로 보았다. 평원왕대 淵蓋蘇文의 祖父인 子遊가 莫離支로서 國事를 전제하였을 것으로 보았다. 바로 이때부터 연개소문 가문은 도교를 신봉하던 도교세력이었던 것으로 보았다. 따라서 평원왕대 강력한 도교세력이 존재하고 있었으며 당시 고구려 사회에서 불교와 도교의 우열논쟁이 진행되었던 것으로 보았다. 즉 義淵이 불교 역사에 대해 배워 온 것은 당시 고구려에서 확대되던 도교세력을 견제하기 위한 의도였다고 생각하였다(앞의 논문, pp. 115~117).

알 수 없지만 그의 활동을 통해서 義淵에 의해 정비된 평원왕대 고구려 불교의 모습을 추측해 볼 수 있을 것 같다. 그리고 영양왕대 慧慈를 비롯한 많은 고구려 승려들이 일본으로 건너가 당시 일본 불교의 발전에 중요한 역할을 하였다.

이상 살펴본 것처럼 義淵에 의해 평원왕대 고구려 불교는 이전보다 발전하였다. 그 사실은 다음 『三國遺事』의 기록을 통해서도 확인해 볼 수 있다.

  L. 順道肇麗(道公之次, 亦有法深, 義淵, 曇嚴之流. 相繼而興教. 然古傳無文. 今亦不敢編次. 詳見僧傳)(『三國遺事』권3, 興法3, 順道肇麗).

위 내용은 일연이 順道肇麗條에 붙인 細註인데, 順道를 계승하여 고구려 불교를 興教시킨 인물들로 法深, 義淵, 曇嚴을 언급하고 있다. 의연 외에 법심이나 담엄에 대해서는 다른 기록이 없기 때문에 어떠한 인물들인지 정확히 알 수 없다. 그런데 위의 내용 중 자세한 기록이 「僧傳」에 보인다고 한 점이 주목된다. 僧傳은 『海東高僧傳』으로 생각되므로 『海東高僧傳』을 살펴볼 필요가 있을 것 같다. 『海東高僧傳』에서는 고구려 승려들을 順道, 亡名, 義淵, 曇始의 순으로 배치하여 그들에 대한 내용을 서술하였다.[108]

---

106) 『日本書紀』권20, 敏達天皇13년 秋9월조. 한편 새롭게 발견된 고구려 승려 중 혜편과 함께 비구니들을 교육시켰던 고구려의 老比丘尼 法明이 있다(李 萬, 「三國時代 佛教思想의 定立을 위한 試論―逸失된 著書와 僧侶들을 중심으로」, 『한국학논집』21, 1994, p. 3).
107) 당시 혜편에게서 출가한 비구니들은 善信, 禪藏, 惠善이었다. 이중 선신은 588년에 계율을 배우기 위해 백제로 유학을 갔다. 따라서 이들이 혜편에게 계율에 의한 수계 절차를 밟지 않았던 것으로 보았다(田村圓澄 著, 노성환 譯, 『古代韓國과 日本佛教』, 울산대학교출판부, 1997, pp. 53~58쪽). 그러나 혜편이 고구려에서 義淵에 의해 소개된 사분율을 수용하고 일본으로 건너갔을 가능성을 생각해 본다면 세 비구니들의 출가는 계율에 의해 정식적으로 이루어졌을 것 같다.
108) 『海東高僧傳』권1, 流通

즉 『三國遺事』에서는 順道·法深·義淵·曇嚴의 순서로, 『海東高僧傳』에서는 順道·亡名·義淵·曇始의 순서로 서술되었던 것으로 생각된다. 따라서 법심은 망명으로, 담엄은 담시와 연관 지어 생각할 수 있을 것같다.[109] 그런데 이처럼 각각의 승려들을 연관 지어 볼 때 그들의 활동시기와 관련된 의문이 나타난다.

일연은 순도 이후 언급된 승려들이 서로 계승하여 불교를 흥기시켰다고 하였다. 즉 『三國遺事』에서 순도·법심·의연·담엄을 시대 순으로 나열하였던 것으로 생각된다. 그런데 『海東高僧傳』에서는 승려들을 시대 순으로 나열하지 않았다. 망명은 동진의 高僧 支遁(314-366)과 서신교류를 하던 고구려 승려로서 소수림왕대 이전 이미 고구려에 불교가 전해졌던 모습을 알려주는 승려이다. 즉 순도보다 앞선 시기에 활동하였던 승려였던 것이다. 담시 역시 진나라 태원 말년(396, 광개토왕 5) 요동으로 와서 활동하던 승려로서 평원왕대(559-589) 활동하였던 의연보다 앞선 시기의 승려였다. 따라서 『三國遺事』와 『海東高僧傳』에서 언급되고 있는 승려들을 서로 연관 지어 일치시킬 수 있을 지에 대해서는 더 신중히 검토해보아야 할 것 같다.

그렇다면 이처럼 『三國遺事』와 『海東高僧傳』에서 언급된 고구려 승려들은 어떻게 평가해야 할까. 그 점은 『三國遺事』興法編에 대한 고찰을 통해 살펴볼 수 있을 것 같다. 興法編은 三國의 불교수용과 그 융성에 관해서 서술한 부분이다. 順道肇麗條부터 阿道基羅條까지는 三國의 불교수용을, 原宗興法厭髑滅身條부터 寶藏奉老普德移庵條까지는 삼국의 불교융성을, 그리고 흥법편의 마지막 東京興輪寺金堂十聖條에서는 신라불교 융성에 기여한 高僧들에 대하여 서술하였다.[110]

그렇다면 順道肇麗條의 세주에서 언급된 승려들은 고구려 불교수용과 관련하여 중요한 의미가 있는 인물들로 일연이 평가하였던 것으로 생각된

---

109) 남무희, 앞의 논문, 2001, p. 100.
110) 김상현, 「삼국유사론」, 『강좌한국고대사』 1, 가락국사적개발연구원, 2003, pp. 255~258.

다. 이러한 인식은 『海東高僧傳』을 보면 더욱 자세히 알 수 있다. 망명·순도·담시 등은 고구려에 불교가 수용되었던 전후 시기에 활동한 승려들이었기 때문이다. 그런데 두 문헌에서 공통으로 언급된 의연의 경우는 조금 더 깊이 생각해보아야 할 것 같다. 왜냐하면 살펴본 바와 같이 의연은 6세기 중반 이후 평원왕대 활동하였던 승려였기 때문이다.

6세기대 이후 활동하였던 의연을 이처럼 고구려 불교수용과 관련된 승려들과 함께 언급했던 이유는 무엇이었을까. 그것은 의연을 고구려에 불교를 처음 전한 順道나 고구려 불교의 초전자로 인식되었던 담시와 같은 존재로 평가하였기 때문이라고 생각된다. 즉 의연에 의해 평원왕대 고구려 불교계에 새로운 변화가 나타났으며 이전 시기보다 불교가 더욱 발전하였던 사실을 알려주는 것이라고 생각된다.

4. 義淵의 地論宗 受容

의연은 교학적 측면에서도 고구려 불교를 발전시켰던 것으로 생각된다. 의연의 사상을 직접적으로 알려주는 기록은 없다. 그러나 다음의 내용을 통해 의연의 사상적 측면을 유추해 볼 수 있을 것 같다.

M-1. 釋義淵, … 自隷剃染, 善守律儀 …
  -2. 請乞具注. 其十地·智度·地持·金剛般若等諸論,[111] 本誰述作, 著論緣起, 靈瑞所由, 有傳記不, 謹錄諮審, 請垂釋疑(『海東高僧傳』권1, 釋義淵).

---

111) 『海東高僧傳』에서 언급되고 있는 地持, 金剛般若 등과 같은 경론들은 찬자 覺訓이 부연해서 설명한 것으로 추정되고 있다(장휘옥, 앞의 책, 1991, p. 139).

먼저 戒律과 관련해서 살펴볼 수 있다. 고구려에서는 광개토왕대에 曇始가 經律을 전래한 이후 계율이 중시되었던 것 같다.[112] 고구려의 대표적 승려인 僧朗이 戒律의 講說에 능했으며 의연 역시 출가 이후 계율을 잘 지켰다는 점을 통해 알 수 있다.[113] 그리고 의연은 법상으로부터 四分律을 수용하여 고구려에 소개하였던 것으로 생각된다.[114] 四分律은 出家僧들을 대상으로 하는 小乘戒로서 의연은 귀국 후 이를 고구려의 승려들에게 적용하였을 것으로 생각된다.

또한 大乘戒인 菩薩戒도 소개하였던 것 같다. 의연이 법상에게 문의했던 경론들 중 하나인 地持, 즉『菩薩地持經』을 통해 알 수 있다.[115] 이것은 小乘戒律을 포함하여 大乘戒로서의 瑜伽戒를 설명한 것인데, 大乘菩薩이 지켜야 될 계율을 설한 경전들 가운데 하나이다. 즉 大乘菩薩의 수행 방법과 방편을 설한 大乘菩薩戒經으로『梵網經』과 함께 중요시되었다고 한다.[116]

의연은 법상으로부터『菩薩地持經』에 대한 상세한 이해를 얻었을 것이다. 그리고 고구려로 돌아와 재가 신도들에게 菩薩戒를 베풀었을 것인데, 의연에게 菩薩戒를 받은 대상은 왕을 비롯하여 왕고덕과 같은 고구려 귀족 계층이 아니었을까 추측된다.[117] 이것은 북제의 문선제와 왕후·여러 대신들에게 계를 내려 주었던 법상의 모습을 통해서도 유추해 볼 수 있다.

---

112) 이런 점에서 백제, 신라뿐만 아니라 고구려에서도 戒律宗이 성행하였던 것으로 보았다(李基白,「三國時代佛敎受容과 그 社會的 意義」, 앞의 책, 일조각, 1986, p. 22).
113) '(僧朗)凡厥經律皆能講說'(『高僧傳』권8, 釋法度傳附).
114) 남동신, 앞의 논문, 1995, p. 90.
115) 『보살지지경』은 瑜伽師의 수행 단계를 설한 미륵의『瑜伽師地論』의 일부를 별개의 경으로 만든 것이다(김남윤,『新羅法相宗硏究』, 서울대학교 박사학위논문, 1995, p. 16).
116) 정승석,『佛典解說事典』, 민족사, 1989, pp. 146~147.
117) 신라의 경우에도 자장이 지배 계층에게 보살계를 행했으며, 경덕왕이 진표에게 보살계를 받았 다.

무엇보다 의연은 地論宗을 고구려에 소개한 인물로 평가받고 있다.[118] 지론종은 6세기 초 유식 사상이 중국에 소개되면서 성립되었는데 중심경전이 『十地經論』이었다. 『十地經論』은 世親의 『十地經』에 대한 해석으로 北魏 永平 元年(508)부터 4년(511)까지 서역승 菩提流支와 勒那摩提에 의해 漢譯되었다.[119] 이 경전은 한역된 이후 대단한 관심을 받았고 특히 북위불교에서 유행하였다고 한다.[120] 그런데 의연이 북제로 갈 당시 이미 고구려에는 『十地經論』이 소개되어 있었던 것 같다. G-2에서 十地, 智度, 地持, 金剛般若에 대한 자세한 설명이 요구되었다는 내용은 고구려에 이미 이러한 경론들이 소개되어 있었다는 것을 알려준다.[121]

　　또한 고구려 승려 智晃도 지론종과 관련이 있는 승려로 생각된다. 고구려의 구법승 지황은 建康의 道場寺에서 曇遷(542-607)과 함께 활동하였던 승려였다.[122] 담천은 陳・隋代 활약했던 攝論宗의 대가였다.[123] 그런데 담천은 섭론학설을 받아들이기 전에 늑나마제의 제자 曇遵으로부터 『十地經

---

118) 즉 義淵은 유식 사상을 한국에 전해진 효시로서 높이 평가되고 있다(이 민, 앞의 책, 2000, p. 141).
119) 『十地論』은 『華嚴經』 十地品의 註釋이며 『화엄경』의 別行本으로 인도에서 연구되었는데, 중국에는 世親의 『十地論』과 龍樹의 『十住毘婆沙論』이 전래되었다고 한다. 이 경론의 교리는 앞선 시기의 『般若』와 통하고 이후 유가의 종파를 여는 뚜렷한 특징을 가지고 있다(呂澂 著, 각소 譯, 『중국불교학강의』, 1992, p. 216).
120) 이 만, 앞의 책, 2000, p. 41.
121) 이들 經論 중 지도는 『大智度論』을, 금강반야는 『金剛般若經』을 가리키는 것으로 中觀계통의 논서들이다(김남윤, 앞의 책, 1995, p. 14). 고구려에서는 승랑 이후 般若經과 中觀論書를 바탕으로 전개된 三論學이 성행하였다. 따라서 지도와 금강반야에 대한 관심은 당시 고구려 불교계의 경향을 나타내 주는 것으로 생각된다.
122) 이들 經論 중 지도는 『大智度論』을, 금강반야는 『金剛般若經』을 가리키는 것으로 『續高僧傳』권18, 曇遷傳.
123) 攝論宗은 유식 사상이 중국에 전래되어 두 번째로 성립된 종파이다. 6세기 중반 眞諦가 『攝大乘論』을 소의경전으로 하여 성립하였다(장원규, 『中國佛敎史』, 고려원, 1983, pp. 96~101).

論』을 배워 깊은 조예를 가지고 있었다고 한다. 담천이 道場寺에서 지황을 만나 唯識의 뜻에 대하여 이야기하였는데, 그 시기가 북제의 폐불(577)이 단행될 때로 아직 섭론학설을 접하기 이전이었다고 한다. 따라서 담천과 지황이 담론한 唯識論의 敎義는 『十地經論』에 의거한 것이었다고 생각된다.[124]

지황은 대략 의연과 비슷한 시기에 활동하였을 것으로 생각된다.[125] 지황이 『十地經論』을 접한 것이 중국에 유학한 이후일 수도 있지만 고구려에서 이미 이에 대한 이해가 어느 정도 이루어졌을 가능성은 충분히 생각해 볼 수 있을 것 같다.

의연은 법상으로부터 『十地經論』을 비롯한 다른 경론들에 대한 상세한 이해를 얻었고 地論宗도 수용하였을 것이다. 왜냐하면 법상은 地論宗 南道系를 성립한 慧光의 제자였기 때문이다.[126] 地論宗 南道系는 늑나마제로부터 계승되어 혜광(468-537)에 의해 성립된다. 특히 혜광은 남북 양 계파의 논쟁에 정통하여 이를 바탕으로 『十地經論』의 註釋을 저술하였고, 이를 널리 유통시켰다고 한다.[127]

법상은 혜광의 10德 제자 중의 한 명으로 『十地論』, 『地持論』, 『楞伽經』 및 『涅槃經』을 강설하고 그 주석서를 각각 저술하였다.[128] 즉 법상은 지론종 南道系를 대표하는 승려로서[129] 의연은 법상으로부터 지론종 남도계를

---

124) 黃有福·陳景富 著, 권오철 譯, 『韓中佛敎文化交流史』, 도서출판 까치, 1995, p. 212.
125) 담천이 활동하였던 시기를 통하여 유추해 볼 수 있는데, 평원왕대를 중심으로 그 전후 시기에 활동하였을 것으로 생각된다.
126) 지론종은 南北 兩系로 나뉘어 발전되었는데 南道系가 훨씬 번성하였다. 지론종 북도계는 보리유지로부터 시작되어 道寵에 의해 개창되었는데, 이후 섭론종이 일어나자 이에 합쳐졌다고 한다(장원규, 앞의 책, 1983, pp. 92~96).
127) 鎌田茂雄 著, 앞의 책, 1985, pp. 118~119.
128) 『續高僧傳』권8, 법상전
129) 법상은 義淵에게 『십지론』을 최초로 번역한 인물을 보리유지라고 대답하였다 ('十地論金剛般若論 … 至魏宣武帝時, 菩提留支始翻'). 그런데 법상이 『십지경

수용하여 고구려에 소개하였던 것이다.

그렇다면 의연이 지론종 남도계를 소개한 후 고구려 불교에 어떤 영향을 미쳤을 것인가를 생각해 보아야 할 것 같다. 지론종 북도계와 남도계 학설의 차이는 意識의 심층에 있는 가장 근본적 의식을 의미하는 제 8阿梨耶識의 이해를 놓고 발생한다고 한다. 즉 북도계는 阿梨耶識을 忘識으로 간주하여 眞如(法性·淨識)와는 다르다고 보았다. 반면 남도계는 阿梨耶識을 眞識으로 간주하여 眞如와 다르지 않다고 본 것이다.[130]

한편 지론종을 연구하는 학자들은 『涅槃經』에도 정통하여 佛性에 대해서 많이 논의하였다고 한다.[131] 그런데 佛性에 관련해서 지론종 남도계와 북도계는 차이를 보였다.[132] 남도계의 주장은 佛性本有說(現果)과 관계가 있다. 즉 阿梨耶識法性을 眞如法性으로 인정하고 이것이 여러 법의 기초가 되고 또는 일체의 법을 생기게도 한다는 것이다. 한편 阿梨耶識法性은 선천적으로 존재하는 것이어서 모든 공덕을 구족하고 있으므로 중생들도 예외는 될 수 없다고 하였다. 반면 북도계의 주장은 佛性始有說(當果)과 관계가 있다. 佛性은 어떤 공덕을 갖추고 있지 않으므로 훈도를 받고 생겨나는 후천적인 것으로 佛이 된 다음에 비로소 얻게 된다는 것이다.[133]

론』의 번역자로 반대 계파의 인물을 들었다는 것이 의심스럽다. 이에 대해서 다음과 같이 설명되고 있다. 남도계인 법상이 보리유지의 저술을 많이 섭렵했기 때문이라는 견해, 당시 보리유지의 번역본만 유통되다 보니 이를 가지고 설명하였다는 견해, 일찍이 『십지론』, 『지도론』 등이 고구려에 전래되어 출처를 모르는 同本異譯이 유행하자 義淵을 보내어 이를 확인하려 했다는 견해 등이 있다(이만, 앞의 책, 2000, pp. 42~43).
130) 藤堂恭俊 著, 차차석 譯, 『중국불교사』, 대원정사, 1982, pp. 214~216.
131) 이들은 마음(心)을 가지고 佛性을 설명하였다(여징, 앞의 책, 1992, p. 221).
132) 道宣은 『속고승전』에서 남북 양 계파의 차이를 佛性과 관련된 '當現兩說'과 판교방편을 설명한 '四宗五宗'의 이론적 차이로 지적하였다고 한다. 즉 남도계에서는 중국의 불교를 因緣宗(毘曇), 假名宗(成實), 不眞宗(般若), 眞宗(화엄·열반·지론)으로 분류하였다고 한다. 반면 북도계에서는 五宗을 말하는 데 화엄을 높여 法系宗이라고 하였다(여징, 앞의 책, 1992, p. 221).
133) 여 징, 앞의 책, 1992, pp. 219~221.

이처럼 '佛性이 本有인가 始有인가'에 대한 견해 차이는 존재하지만 지론종은 기본적으로 佛性을 인정하였다. 이러한 점은 법상의 사상을 통해서도 알 수 있다. 법상의 저서 중 하나인 『佛性論』은 법상의 제자 淨影寺의 慧遠(523-593)의 『大乘義章』에 그 내용이 일부 전해지는 것으로 생각되고 있다.[134] 혜원은 『大乘義章』에서 북중국의 불교를 넷으로 나누고 그 중 열반종과 지론종을 가장 우위에 두었는데 이 두 종파의 공통점은 佛性의 긍정이었다.[135] 이처럼 지론종에서는 佛性을 인정하며 모든 중생이 成佛할 수 있다고 보았던 것으로 생각된다.

의연이 소개했던 이러한 지론종 남도계의 주장은 고구려 사회에 영향을 주었을 것이다. 특히 의연이 설법한 지론종과 佛性論의 영향을 받은 주된 계층은 왕고덕과 같은 신진귀족세력이었을 것이라고 생각된다. 三國의 귀족들은 輪廻轉生사상에 주목하여 불교를 수용하였다.[136] 삼국에서 불교가 수용되었던 초기에는 윤회의 주체를 불멸하는 영혼으로 상정하였다고 한다. 따라서 이것은 기존 전통 신앙의 영혼불멸사상과 연결되어 쉽게 받아들여졌던 것으로 보았다. 그렇지만 三論學과 같은 불교교학연구가 진전되면서 더 이상 윤회의 주체를 불멸의 신으로 생각할 수 없게 되자 원효는 그 주체를 佛性으로 인정하여 문제를 해결하였다고 한다.[137]

이것은 신라 불교계에서 나타났던 상황이지만 고구려도 크게 다르지 않았을 것으로 생각된다.[138] 앞서 살펴보았듯이 6세기대 들어 고구려 불교교학의 이해수준이 전보다 발전하였던 것으로 생각되기 때문이다. 이처럼 고구려에서 불교가 발전하면서 원효가 해결하고자 했던 것과 같은 교학적

---

134) 이 만, 앞의 책, 2000, p. 35.
135) 김영미, 「元曉의 如來藏思想과 衆生觀」, 앞의 책, 1994, p. 28.
136) 이기백, 「新羅初期佛敎와 貴族勢力」, 앞의 책, 1986, pp. 87~94.
137) 김영미, 앞의 책, 1994, pp. 293~305.
138) 대승반야학의 空사상이 정확히 이해되면 有神論을 회의하게 된다. 따라서 고구려에 삼론학이 발진하며 더 이상 윤회의 주체를 불멸의 신으로 생각할 수 없게 되었을 것이라 하였다(김영미, 앞의 책, 1994, p. 295).

인 논의가 이루어졌을 가능성은 충분하다.

　그리고 지론종에서 논의되던 佛性에 관한 문제는 평원왕 당시 신진귀족들에게 큰 호응을 얻었을 것으로 생각된다. 佛性이 本有인가, 始有인가에 대한 차이는 있지만 지론종에서 모든 중생이 佛性을 가지고 成佛할 수 있다고 보았던 것이다. 특히 이러한 佛性論은 溫達로 대표되는 6세기 이후 사회 경제적 변동 가운데 독자적인 경제기반을 구축하고 정치적 진출을 꾀했던 富民출신의 신진귀족들에게 영향을 주었을 것으로 추측된다.[139] 즉 이미 중앙정치계에 진출했던 다른 귀족들과의 차별 의식을 해소시켜 주는 데에 도움을 주었을 것으로 생각되기 때문이다. 따라서 왕고덕과 같은 신진귀족들이 의연에게 관심을 나타냈던 것도 같은 맥락에서 이해할 수 있다.

---

[139] 임기환, 앞의 논문, 1992, pp. 18~19 ; 앞의 책, 2004, pp. 274~276.

제 3 장
7세기대 佛敎政策의 변화

　6세기대 高句麗 佛敎는 매우 발전하였다. 불교가 중앙뿐만 아니라 지방으로까지 널리 확산되었고 불교 자체에 대한 이해도 깊어졌다. 그러나 安原王 말년 발생했던 왕위계승쟁탈전과 같은 정치적 변화로 인해 불교계도 영향을 받았을 것으로 생각된다. 陽原王代 惠亮이 신라로 이주하였던 사실을 통해 확인할 수 있다.

　또한 平原王代 義淵의 활동을 통해 알 수 있듯이 당시 고구려 불교는 敎學的·制度的 측면에서 이전보다 한 단계 발전되었다. 즉 僧官制를 정비하여 혼란스러웠던 敎團體制를 안정시켰고 地論宗을 수용하여 敎學의 발전을 가져왔던 것이다. 그 결과 嬰陽王代 불교가 상당히 융성하였던 것으로 생각된다.

　嬰陽王代 慧慈는 일본으로 건너가 聖德太子의 스승으로서 불교문화를 전파했을 뿐만 아니라 고구려를 대변하는 정치적, 외교적 역할까지 수행하였다. 또한 같은 시기 僧隆·雲聰·曇徵·法定 등과 같은 많은 고구려 傳法僧들이 일본으로 건너가 발달된 고구려 문화와 불교를 전파하고 佛像제작을 돕는 등 양국 간 불교교류가 활발히 이루어졌다. 즉 嬰陽王代 고구려

불교가 推古朝 일본 불교의 발전에 중요한 역할을 하였던 것으로 이를 통해 당시 고구려 불교의 수준을 알 수 있다.

嬰陽王代 불교 관계 사료들은 다른 시기에 비해 비교적 풍부하게 전해지고 있는데 그 중 고구려 국내외에서 활발한 활동을 펼쳤던 혜자에 관한 기록은 매우 주목된다. 혜자는 嬰陽王 6년(595) 일본으로 건너가 上宮厩戸豊聰耳太子(聖德太子)와 밀접한 관계를 맺고 활동하면서 당시 일본불교 발전에 중요한 영향을 미쳤다. 따라서 혜자는 高句麗 佛敎史에서 중요한 인물로 평가되었지만 그에 대해서는 기록에서 보여지는 단순한 사실만이 소개되고 있다.[1]

이처럼 혜자에 관한 연구가 부진했던 것은 무엇보다 관련 사료의 문제 때문일 것으로 생각된다. 혜자에 관한 내용은 『日本書紀』를 비롯하여 『本朝高僧傳』, 『元亨釋書』, 『上宮太子叢書』(『大日本佛敎全書』112冊), 『伊豫國風土記』 등과 같은 일본 측 기록에서만 발견된다. 그런데 이러한 사료들에 기록된 내용의 진위여부에 대한 논란이 계속 진행되고 있어 혜자에 대해 섣불리 접근하지 못했던 것으로 생각된다. 그렇지만 『日本書紀』에 기록된 혜자의 활동에 대해서는 대체로 역사적 사실로서 인정받고 있다.

근래에 들어서 일본에서 혜자에 관한 자세한 연구가 이루어졌다. 聖德太子의 활동 및 聖德太子信仰과 관련하여 혜자와 고구려 불교의 역할에 대하여 살펴보았다.[2] 한편 혜자는 당시 고구려가 추진하였던 對日本外交와

---

1) 金東華, 「高句麗時代의 佛敎思想」, 『아세아연구』 2-1, 1959 ; _____, 『三國時代의 佛敎思想』, 민족문화사, 1987 ; 安啓賢, 「高句麗 佛敎의 展開」, 『韓國佛敎思想史研究』, 1989, 동국대출판부 ; 金煐泰, 「法華經敎信仰」, 『三國時代佛敎信仰研究』, 1990, 불광출판사 ; 洪潤植, 「古代日本佛敎에서의 三國佛敎의 역할」, 『국사관논총』 24, 1991

2) 최근 혜자에 관한 연구로 대표적인 것은 新川登龜男(「高句麗と日本」, 『日本古代文化史의 構想』, 名著刊行會, 1994)의 연구를 들 수 있다. 이 논문에서는 일본에서의 혜자의 활동을 주로 살펴보았고 이를 통해 당시 일본불교계의 동향에 대해 설명하고 있다. 한편 혜자에 관련된 사료의 신빙성문제를 따져 혜자를 가공의 인물로 설명하고 있는 견해도 있다(大山誠一, 『聖德太子의 誕生』, 吉川弘文館, 1999).

관련된 외교적 역할을 중심으로 그 활동이 검토되었다.³⁾ 혜자의 활동과 思想, 그리고 高句麗 佛敎史에서의 위치 등에 대한 보다 자세한 검토가 이루어진다면 정치적·외교적 측면에서 적극적으로 불교를 이용했던 嬰陽王代 고구려 불교계에 대한 보다 자세한 모습을 살펴볼 수 있을 것으로 생각된다.

그런데 榮留王代 들어 고구려 佛敎政策에 변화가 나타났던 것으로 생각된다. 唐으로부터 道敎가 전래된 이후 진행된 불교정책의 변화는 당시 정치적·사회적 상황의 변화와 함께 불교계에 상당한 영향을 주었던 것으로 생각된다. 이것은 고구려 말 활동하였던 승려 普德을 통해 확인해 볼 수 있다.

보덕은 고구려 말 혼란스러웠던 불교계의 상황을 해결하고자 노력하였던 승려였다. 특히 보덕은 淵蓋蘇文 정권의 불교 억압에 적극 대항하였다. 그러나 별다른 결과를 얻지 못하고 결국 고구려를 떠나 백제지역으로 이주하였다. 즉 보덕에 대한 고찰을 통해 고구려 말 나타났던 佛敎政策의 변화와 함께 불교계의 대응, 당시 정치적·사회적 상황까지도 살펴볼 수 있다. 더구나 元曉와 義相이 보덕에게 수학하였다는 내용을 통해 통일신라 전반기 불교가 발전하는 데에 보덕이 일정한 역할을 했음을 추정해 볼 수 있다.

보덕은 고구려 멸망 이후 후대인들에게 계속 주목을 받았다. 崔致遠과 金富軾이 그의 전기를 저술하였고, 大覺國師 義天·李資玄·李仁老·李奎報·一然 등이 그에 대한 시와 기록을 전하고 있는 사실을 통해 잘 알 수 있다. 그렇다면 보덕이 승려뿐만 아니라 후대 지식인들의 지속적인 관심을

　　기타 일본학계의 혜자에 대한 연구들은 다음과 같다.
　　田村圓澄,『飛鳥 敎史硏究』, 塙書房, 1969 ; _____,『古代朝鮮佛敎と日本佛敎』, 吉川弘文館, 1980 ; 田中嗣人,『聖德太子信仰の成立』, 吉川弘文館, 1983
3)　李成市,「高句麗와 日隋外交―이른바 國書문제에 관한 一試論―」,『벽사이우성교수정년퇴직기념논총 민족사의 전개와 그 문화』上, 1990 ; _____,『古代 東アジアの民族と國家』, 岩波書店, 1998 ; 연민수,「古代韓日外交史―三國과 倭를 중심으로」,『한국고대사연구』27, 2002 ; _____,「古代 日本의 高句麗觀 硏究」,『북방사논총』2, 2004

받았던 이유는 무엇이었을까. 보덕은 大覺國師 義天이 涅槃宗의 개창조로서 추앙하였던 승려였다. 高句麗 佛敎史뿐만 아니라 韓國 佛敎史에서도 중요한 인물로 평가받았던 것이다. 또한 보덕에 대한 검토를 통해 고구려 멸망의 원인 및 과정 등에 대한 구체적인 이해를 얻을 수 있었기 때문이라고 생각된다.

따라서 보덕에 대해서는 비교적 많은 연구 성과가 축적되었다. 먼저 보덕에 대한 초창기 연구들 대부분은 보덕을 통해 고구려 말 사상계의 변화모습과 그에 관련된 정치적 상황을 연구하였다. 따라서 보덕의 구체적인 활동모습과 사상적 측면을 살펴보기에는 미흡했다.[4]

보덕에 대한 구체적이고 체계적인 연구는 盧鏞弼에 의해 이루어졌다. 노용필은 보덕과 관련된 『涅槃經』과 같은 경전을 토대로 보덕의 思想을 구체적으로 확인하였다. 그리고 이러한 사상을 중심으로 보덕의 활동을 연개소문 집권 당시 정치사회적 상황과 연결시켜 살펴보았다.[5] 노용필의 연구는 보덕의 思想과 活動에 대해 자세하게 파악하였고 나아가 고구려 말 정치적·사회적 동향까지도 함께 살펴보았다는 점에서 중요한 의미가 있다고 생각된다.

최근 들어 보덕에 관한 많은 연구 성과가 나타났다. 먼저 보덕에 관련된 사료들을 문헌별로 검토하여 이를 바탕으로 淵蓋蘇文 집권기 보덕의 활동을 살펴보았다.[6] 또한 三國 불교계에 끼친 보덕의 思想的 영향, 보덕이 完山孤大山에 창건했던 景福寺와 그 제자들이 창건했던 사찰에 대한 검토가 이루어졌다. 즉 普德의 思想과 백제 이주 후의 활동을 중점적으로 살펴

---

4) 李萬烈,「高句麗 思想政策에 대한 몇 가지 檢討」,『柳洪烈華甲紀念論叢』, 을유문화사, 1971 ; 車柱環,「高句麗의 道敎思想」,『韓國道敎思想硏究』, 서울대출판부, 1978 ; 李乃沃,「淵蓋蘇文의 執權과 道敎」,『歷史學報』99·100합집, 1983
5) 盧鏞弼,「普德의 思想과 活動」,『韓國上古史學報』2, 1989
6) 김주성,「보덕전의 검토와 보덕의 고달산 이주」,『한국사연구』121, 2003a ; _____,「보덕에 관한 사료 검토」,『보덕화상과 경복사지』, 전북대 전라문화연구소, 신아출판사, 2003b

보았던 것이다.7) 이처럼 보덕에 대한 다양한 연구 성과를 통해 그 활동과 사상을 구체적으로 알 수 있게 되었다고 생각된다.

그러나 보덕에 대한 보다 자세한 이해를 위해서 아직 연구가 진행되어야 될 부분이 많다고 생각된다. 먼저 보덕의 활동시기에 대한 구체적인 검토가 필요하다. 보덕에 관해 언급했던 대부분의 연구자들은 언개소문 십권기에 국한하여 보덕의 활동을 살펴보았다. 그러나 자세히 검토해보면 보덕의 활동시기에 대한 구체적인 구분이 가능할 것으로 생각된다. 이를 통해 榮留王代 道敎가 전래된 이후 변화되는 佛敎政策과 그로 인한 敎團의 대응 등을 시기적으로 구분하여 살펴 볼 수 있을 것 같다. 즉 보덕을 통해 榮留王代부터 나타났던 불교계의 변화과정에 대한 체계적인 이해가 이루어질 수 있을 것으로 생각된다.

보덕의 활동 가운데 백제로의 이주와 관련된 부분에 대해서도 자세한 고찰이 필요하다. 이것은 寶臧王 즉위 이후 淵蓋蘇文이 불교를 억압하였던 상황과 밀접한 관련이 있다. 그러므로 보덕이 고구려를 떠나는 원인 및 배경, 이주 후의 활동에 대해서 자세히 살펴볼 필요가 있다.

보덕의 사상적 측면에 대해서도 보다 자세히 살펴볼 필요가 있다. 보덕은 앞서 활동했던 의연·혜자 등과 사상적인 측면에서 연결되고 있으며 그 사상을 한층 더 발전시켰던 것으로 생각된다. 또한 통일신라 전반기 불교에 사상적 영향을 주었던 것으로 생각된다. 이처럼 보덕의 사상적 측면에 대한 고찰을 통해 高句麗 佛敎思想의 전개과정에 대한 종합적인 이해와 결론을 얻을 수 있을 것으로 생각된다.

---

7) 정병삼, 「普德의 불교와 7세기 삼국사회」, 『보덕화상과 경복사지』, 전북대 전라문화연구소, 신아출판사, 2003 ; 김방룡, 「신라 통일기 불교사상의 전개와 普德의 열반종」, 『보덕화상과 경복사지』, 전북대 전라문화연구소, 신아출판사, 2003 ; 노용필, 「普德의 佛敎守護運動과 涅槃思想」, 『보덕화상과 경복사지』, 전북대전라문화연구소, 신아출판사, 2003 ; 윤덕향, 「경복사지의 현황과 가람에 대한 추론」, 『보덕화상과 경복사지』, 전북대 전라문화연구소, 신아출판사, 2003 ; 김해근, 「韓國佛敎 涅槃宗 小史」, 『보덕화상과 경복사지』, 전북대전라문화연구소, 신아출판사, 2003

지금까지 살펴 본 내용들을 중심으로 본 장에서는 혜자와 보덕을 중심으로 嬰陽王代 이후 고구려 멸망기까지 佛敎政策의 변화과정에 대해 살펴보고자 한다. 먼저 혜자를 중심으로 嬰陽王代 불교 관련 사료들을 보다 면밀히 검토하여 영양왕대 당시 고구려 불교의 발전적인 모습과 정치적·사회적·대외적으로 불교가 이용되었던 모습에 대해 살펴보고자 한다.

다음으로 보덕에 대해 검토해보겠다. 보덕의 활동시기를 구체적으로 고찰해보고, 이를 통해 영류왕대 나타났던 불교정책의 변화를 살펴보겠다. 다음으로 보장왕 즉위 이후 강화된 불교 억압과 보덕의 대응 모습에 대해 검토해보기로 하겠다. 마지막으로 보덕이 백제 지역으로 이주하는 과정과 이후 활동에 대해서 고찰해보고자 한다.

1. 慧慈의 일본 파견

慧慈에 관한 기록은 일본측 사료에서만 찾아볼 수 있다.

A-1. (推古元年)夏四月庚午朔己卯 立廐戶豊聰耳皇子 爲皇太子 仍緣攝政 以萬機悉委焉 … 且習內敎於高麗僧慧慈 學外典於博士覺哿 並悉達矣
 -2. (三年)五月戊午朔丁卯 高麗僧侶慧慈歸化 則皇太子師之 是歲 百濟僧慧聰來之 此兩僧 弘演佛敎 並爲三寶之棟梁
  -3. 四年冬十一月 法興寺造竟 則以大臣男善德臣拜寺司 是日 慧慈 慧聰 二僧 始住於法興寺
  -4. (廿三年)十一月癸卯 高麗僧慧慈歸于國
  -5. (廿九年春二月) 是月 葬上宮太子於磯長陵 當于是時 高麗僧慧慈 聞上宮皇太子薨 以大悲之 爲皇太子 請僧而設齋 仍親設經之日 誓願曰 於日本國有聖人 曰上宮豊聰耳皇子 固天攸縱 以玄聖之德 生日本之國 苞貫三統 纂先聖之宏猷 恭敬三寶 救黎元之厄是實大聖也 今太子旣薨之 我雖異國 心在斷金 其獨生之 何益矣我以來年二月五日必死 因以遇上宮太子於

淨土 以共化衆生 於是慧慈當于其日而死之 是以 時人之彼此共言 其獨非
上宮太子之聖慧慈亦聖也(『日本書紀』권22, 豊御食炊屋姫天皇 推古天皇).
　-6. 法興六年十月 歲在 丙辰 我法王大王 與惠慈法師及葛城臣 逍遙夷與
村 正觀神井 歎世妙驗 欲叙意 聊作碑文一首(「伊豫國湯泉」,『風土記』).[8]
　-7. 釋慧慈 高麗人 推古三年五月貢來 皇太子豊聰師之 與百濟惠聰 同弘
佛敎 四年冬法興寺成 敕慈及聰同居 二十三年歸本邦(『元亨釋書』권16,
『大日本佛敎全書』101冊).
　-8. 和州法興寺沙門慧慈傳 釋慧慈 高麗人 推古三年夏五月貢來 皇太
子豊聰師之 與百濟惠聰 弘通佛敎 爲三寶之棟樑 四年冬十月 法興寺成 敕
慈及聰同居 二十三年慈皈本邦(「本朝高僧傳」권67,『大日本佛敎全書』102
冊).

　혜자와 관련된 기록들에서 그가 언제 출생하였는지 정확히 알 수 없다. 그렇지만 혜자가 榮留王 5년(622) 입적했다는 사실을 통해 적어도 平原王代(559-589)부터 활동하였을 것으로 생각된다.
　혜자의 신분에 대해서도 역시 정확히 알 수 없다. 그런데 평원왕대 활동하였던 승려 의연의 신분이 귀족출신이었다는 점에서 혜자의 신분도 추정해볼 수 있을 것 같다. 의연은 귀족출신으로 왕실 및 귀족세력들의 후원을 받았던 것으로 생각되고 있기 때문이다.[9] 후에 검토하겠지만 혜자가 영양왕과 밀접한 관련을 맺고 있었다는 점에서 그 신분을 귀족으로 생각해 볼 수 있을 것 같다.[10]
　혜자가 승려로서 활동을 시작하였을 平原王代는 정치적으로 이전의 혼란스런 상황에서 벗어나 안정된 정국이 유지되고 있었다. 불교계 역시 새

---

8) 日本古典文學大系 2, 岩波書店, 1958
9) 정선여,「高句麗 僧侶 義淵의 활동과 思想」,『한국고대사연구』20, 2000, pp. 476~488 ; 남무희,「高句麗後期 佛敎思想 硏究―義淵의 地論宗 受容을 중심으로」,『國史館論叢』95, 2001, pp. 105~117.
10) 한편 혜자가 일본에 귀화하였고 20여년이라는 오랜 기간 동안 머무르고 있었다는 점에서 하급 귀족 신분이었을 가능성도 생각해볼 수 있다.

롭게 재정비되며 발전하고 있었다.11) 이처럼 발전하던 고구려 불교계의 모습은 혜자의 출가에 영향을 주었을 것으로 생각된다.

위의 내용을 보면 혜자가 주로 활동하였던 시기가 嬰陽王代(590-617)였다는 것을 알 수 있다. 혜자는 推古 3년, 즉 영양왕 6년(595) 일본으로 건너가 歸化하였다. 혜자는 聖德太子의 스승이 되었고 推古 4년(영양왕 7년, 596) 완성된 法興寺에서 백제의 慧聰과 함께 주석하며 일본 불교의 발전에 커다란 영향을 미쳤다. 그런데 혜자가 주석하였던 法興寺는 고구려의 가람구조와 같은 형식으로 건립되어 고구려 불교의 영향을 받았던 것으로 생각되고 있다.12)

뿐만 아니라 혜자가 일본으로 온 이후부터 僧隆・雲聰・曇徵・法定 등과 같은 고구려 승려들이 계속 건너와 불교문화를 전파하였고 영양왕이 佛像제작을 위해 황금을 보내는 등 양국 간 불교교류가 활발히 전개되었다. 이처럼 당시 고구려와 일본의 불교교류가 이루어지는 데에는 혜자의 역할이 가장 중요하였을 것으로 생각된다.

이처럼 혜자의 생애 중 가장 주목되는 것이 바로 일본에서의 활동이다. 혜자는 推古 3년(영양왕 6년, 595) 일본으로 건너가 推古 23년(영양왕 26년, 615) 귀국하기까지 20년 동안 일본에 체류하였다. 혜자는 상당히 오랜 기간

---

11) 정선여, 앞의 논문, 2000, pp. 484~485.
12) 법흥사의 가람형식은 1탑3금당식이다. 이 형식은 고구려의 독특한 가람구조로서 법흥사의 조영에 고구려 불교가 영향을 미쳤다는 것을 알 수 있다. 즉 혜자가 일본에 오기 이전부터 고구려 불교가 전해졌던 것이다. 이와 관련해서 평원왕대 일본에서 활동하던 고구려 승려 惠便이 주목된다. 惠便은 蘇我馬子의 스승으로 584년 3명의 비구니를 출가시켰다. 그런데 蘇我馬子에 의해 588년 법흥사의 창건이 시작되었던 것이다. 즉 惠便과 蘇我馬子와의 관계를 통해 당시 고구려 불교가 일본 불교에 영향을 주었음을 알 수 있을 것 같다. 한편 법흥사에는 백제로부터 온 사리가 안치되었고 완성 후 혜자와 혜총이 함께 주석하였다는 점을 통해 법흥사가 고구려와 백제의 도움으로 완성되었다는 것을 알 수 있다. 즉 일본 불교는 초창기부터 고구려와 백제의 문화를 복합 수용하였던 것이다(정병삼,「고대 한국과 일본의 불교교류」,『한국고대사연구』27, 2002, pp. 116~117).

동안 일본에서 체류하였는데 그 동안 어떠한 활동을 펼쳤는지 살펴볼 필요가 있을 것 같다. 먼저 고구려 승려 혜자가 渡日하였던 이유는 무엇이었을까. 그 이유는 당시 일본의 내부사정을 통해 추정해 볼 수 있을 것 같다.

일본은 用明朝(586-587)代에 고구려에 阿倍比等古를 파견하였다.[13] 이 때 일본이 고구려에 사절을 보낸 이유에 대해서는 분명하지 않으나 불교 흥륭을 위한 불교문화의 수입과 관련이 있는 것으로 추정되고 있다. 用明天皇 2년(587) 用明天皇이 불교에 귀의할 뜻을 보이자 불교수용을 반대해온 物部氏와 수용을 주장했던 蘇我氏 간의 논쟁이 벌어졌고, 결국 蘇我氏가 物部氏를 제거하였다.[14]

이 사건 이후 일본 불교는 안정적으로 발전하게 되었고 백제와 고구려의 불교문화수입에 적극적으로 나서게 되었다는 것이다.[15] 즉 일본은 고구려로부터 선진적인 불교문화를 수입하려 했으며, 이러한 일본의 요청에 따라 고구려에서 혜자를 파견하였던 것으로 생각된다.[16]

그런데 혜자가 일본에서 활동했던 모습을 살펴보면 그가 일본에 파견된 것은 고구려 측의 의도도 강하게 작용하였던 것으로 생각된다. 즉 혜자는 고구려와 일본, 양국의 국가적 요청에 의해 일본에 파견되었던 것으로

---

13) 『續日本紀』和銅 4년 12월조. 고구려와 일본(왜)왕권의 공적인 교섭이 시작된 것은 570년경으로 생각되고 있다. 『日本書紀』흠명기 31년(570), 민달기 2년(573), 동3년(574) 3차에 걸쳐 고구려 사신이 왜국에 파견된 기록이 보인다(연민수, 앞의 논문, 2004, p.132).
14) 『日本書紀』권21, 用明天皇 2년
15) 연민수, 앞의 논문, 2002, p. 221.
16) 혜자가 일본에 건너간 것은 당시 일본이 추진하였던 대고구려 외교의 중요한 성과로서 생각하고 있다(연민수, 앞의 논문, 2002, pp. 221~222). 즉 일본의 요청으로 혜자의 파견이 이루어졌다고 보았다. 한편 혜자가 당시 일본의 對新羅정책(任那 문제를 포함한)을 모색하기 위하여 초빙되었던 것으로 생각하는 의견이 있다. 당시 고구려와 일본은 수를 의식한 內外政治의 필요성이 요구되고 있었던 상황이었는데 혜자는 일본 측 입장에서 활동하였다는 것이다(新川登龜男, 앞의 논문, 1994, p. 117).

추측된다. 이 점은 A-2의 혜자가 歸化하였다는 내용을 통해 확인해볼 수 있다. 『日本書紀』에서 나타나는 '歸化'의 행위는 複數王權에의 多重結合을 뜻하는 것이다.17) 혜자가 歸化했다는 것은 고구려와 일본, 두 국가의 왕권에 소속되어 양쪽에서 정치적·외교적 활동을 펼칠 수 있었던 배경을 마련하였던 것으로 생각된다.

일본으로 건너온 후 혜자는 聖德太子의 스승이 되어 불교를 가르쳤으며 일본 불교의 발전에 중요한 역할을 하였다. 혜자가 일본 불교와 관련해서 어떠한 활동을 했는지 구체적으로 알 수 없지만 다음의 내용을 통해 추정해볼 수 있을 것 같다.

B. 九月辛巳 … 是時遣於唐國學生倭漢直福因 奈羅譯語惠明 高向漢人玄理 新漢人大圈 學問僧新漢人日文 南淵漢人請安 志賀漢人慧隱 新漢人廣濟等 幷八人也(『日本書紀』권22, 豊御食炊屋姬天皇 推古天皇).

위의 내용은 推古 16년(608) 귀국하는 隋使일행을 따라 隋에 파견되었던 지학생과 유학승에 대한 것이다.18) 이처럼 學問僧新漢人日文(僧旻)이 유학생들과 함께 선발되어 隋에 파견된 것은 당시 혜자가 유학생의 선발에 중요한 역할을 했기 때문이었던 것으로 생각되고 있다.19) 이후 僧旻의 활동모습에서 혜자의 영향을 살펴볼 수 있다.

僧旻은 孝德朝(645년)에 불교계의 지도·통제를 강화하기 위해 설치하

---

17) 田中史生, 『日本古代國家の民族支配と渡來人』, 校倉書房, 1997
한편 '歸化'라는 용어는 8세기 천황제 율령국가의 이념으로 채색된 용어이기 때문에 현실적 외교 용어로는 적절하지 못하다고 하였다(연민수, 앞의 논문, 2004, p. 139).
18) 이때 파견된 高向玄理, 僧旻, 南淵請安 등은 이후 大化改新의 주역으로 등장하였다(정병삼, 앞의 논문, 2002, p. 225).
19) 新川登龜男, 앞의 논문, 1994, p. 123 ; 吉田一彦, 「僧旻の名について」, 『日本佛教の史的展開』, 塙書房, 1999

였던 10師 중 상수로 임명되어 계율에 기초하여 승려들을 지도하였다.[20] 그런데 10師 가운데는 狛大法師와 道登과 같은 고구려 승이 2명 포함되어 있다.[21] 또한 10師 중 한명인 福亮은 推古 33년(625) 일본으로 왔던 고구려 승려 慧灌에게 三論을 배웠다.[22] 이처럼 승민이 10師에 福亮과 다른 고구려 승려들을 포함시켰던 것은 혜자를 통해 선진적인 고구려의 불교를 접했던 영향이었을 것으로 생각된다.[23]

한편 혜자와 聖德太子는 단순히 불교와 관련된 사제관계였을 것으로만 생각되지 않는다. 聖德太子(廐戶王)는 推古天皇이 즉위하면서 20세의 나이로 攝政皇太子로 임명되어 정무를 총괄하였다. 정치적으로는 官位 12階의 제정, 17조 憲法의 制定 公布 등과 같은 혁신적인 정책을 추진하였다.

한편 이때 일본에서 파견하였던 1차 遣隋使(開皇 20년, 600)의 國書에서 보이는 '하늘의 아들(天兒)'과 같은 표현, 일본의 使者가 隋 文帝에게 했던 대답 가운데 "倭王以天爲兄, 以日爲弟"의 표현 등에서 나타난 '天'과 '日'의 사상적 배경을 고구려에서 찾아볼 수 있다. 즉 5세기 초 고구려에서 '天'과 '日'을 매개로 형성되었던 왕권사상과 관련이 있었던 것으로 생각되고 있다.[24] 이처럼 성덕태자가 추진했던 여러 정책들과 정치사상에서 고

---

20) (大化元年八月丙申朔癸卯) 故以沙門狛大法師 福亮 惠雲 常安 靈雲 惠志寺主 僧旻 道登 惠隣 惠妙 而爲十師(『日本書紀』권25, 孝德天皇).
21) 狛은 고구려를 칭하므로 狛大法師는 고구려의 大法師를 뜻한다고 한다(駕洛國史 蹟開發硏究員, 『日本六國史 韓國關係記事 譯註』, 1994, p. 159, 주) 1). 그런데 박대법사가 어떠한 승려인지에 대해서는 여러 가지 의견이 있다. 먼저 박대법사를 慧灌으로 생각하는 의견이 있다(田村圓澄, 앞의 책, 1980, pp. 148). 그리고 狛大法師와 福亮을 동일인으로 보는 의견도 있다(『日本書紀通』, 日本古典文學大系 67, 岩波書店, 1967). 그러나 박대법사와 복량을 동일인으로 본다면 10師의 인원과 일치하지 않는다. 따라서 狛大法師와 福亮은 각각 다른 인물로 보는 것이 타당할 것으로 생각된다.
22) 田村圓澄, 앞의 책, 1980, pp. 148.
23) 新川登龜男, 앞의 논문, 1994, p. 123.
24) 이성시, 앞의 논문, 1990.

구려의 영향을 찾아 볼 수 있는데, 이는 모두 혜자와 깊은 관련이 있다고 생각된다.[25]

그리고 聖德太子는 추고 2년(594) '佛法僧三寶興隆의 詔'를 발표하여 당시 불교가 발전되는 기반을 마련하였다.[26] 聖德太子의 원래 호칭은 厩戶인데, 이것은 불교와 밀접한 관련을 맺고 있다.[27] 厩戶王은 法王, 大王으로 호칭되었는데 고구려의 永樂太王과 신라의 眞興太王의 太王처럼 佛法에 귀의한 국왕이라는 의미로 해석된다고 하였다. 厩戶王이 法興이라는 연호를 사용하였다는 점도 불교와의 관련성을 알려주는 것이다.[28] 따라서 聖德太子의 불교와 관련된 모습들은 스승이었던 혜자로부터 영향을 받은 것으로 볼 수 있다.

무엇보다 혜자는 성덕태자를 가까이 보좌하면서 일본에서 고구려의 외교적 입장을 대변하고 있었던 것으로 생각된다.[29] 혜자가 일본에 건너갔던 때는 隋가 성립되고 얼마 지나지 않은 시기였다. 당시 隋의 등장은 동아시아 지역 국가들의 외교판도에 커다란 변화를 가져왔다. 고구려·백제·신라 三國은 각기 隋와의 관계를 적극화하면서 自國에 유리한 국제적 환경을 조성하려고 노력하였다. 이러한 상황 속에서 일본의 외교적 위치는 상대적으로 높아지게 되었다.[30]

특히 고구려는 隋와 대치하면서 신라와도 대립하고 있었던 상황이었기 때문에 일본의 외교적 중요성이 더욱 확대되었을 것이다. 그래서 고구려는 隋의 등장 이후 일본과 긴밀한 외교적 관계를 맺고자 하였던 것으로 생각된다. 일본은 7세기 전반 불교가 본격적으로 발전하기 시작했는데 이때 고구

---

25) 연민수, 앞의 논문, 2004, p. 140.
26) 홍윤식, 앞의 논문, 1991, p. 76.
27) 聖德의 명칭이 문헌상 처음 나타나는 것은 706년 法起寺의 塔의 露盤銘에서였다 (田村圓澄, 앞의 책, 1980, pp. 152).
28) 田村圓澄, 앞의 책, 1980, pp. 154~155.
29) 이성시, 앞의 논문, 1990, pp. 75~79.
30) 이성시, 앞의 논문, 1990, pp. 63~68.

려는 일본에 계속 승려를 파견하여 불교 발전에 도움을 주었다. 영양왕대 고구려와 일본, 양국 간의 집중적인 불교교류가 이루어졌던 것은 고구려가 불교를 이용한 외교노선을 추구하고 있음을 알려주는 것이라 하겠다.31)

영양왕대 불교를 통한 고구려의 외교적 노력은 어느 정도 성과를 보았던 것으로 생각된다. 먼저 일본을 통해 백제와의 연계에 성공하였다. 推古 9년(영양왕 12년, 601)에 일본은 고구려에 大伴連囓을 보내고 백제에는 坂本臣糖手를 파견하였다. 그런데 다음 해 (602)에 大伴連囓은 坂本臣糖手와 함께 백제에서 본국으로 귀국하였다. 이 모습을 통해 고구려-백제-왜를 잇는 군사협력체제가 일본의 협조로 성립되었음을 알 수 있다.32) 그리하여 이 같은 상황 속에서 영양왕 14년(603) 고구려가 신라 北漢山城을 공격하였던 것으로 생각된다.33) 또한 일본이 7세기 전반까지 보여주었던 신라에 대한 강경한 태도도 이러한 고구려의 외교적 성과라 하겠다.34)

이처럼 고구려는 일본과의 외교를 통하여 隋와 신라를 효과적으로 견제하였고 백제와는 우호관계를 이끌어낼 수 있었다. 그리고 이 시기 성덕태자를 보좌하고 있었던 혜자는 영양왕대 일본을 통한 고구려의 외교적 전략의 중심에서 활동하였다.35) 推古朝 일본은 선진불교 수입에 적극적이었기 때문에 고구려 불교를 받아들였으며 승려 혜자는 주목받을 수 있었다. 동아시아 지역에서 외교적 비중이 높아지고 있었던 일본에서 혜자는 고구려의 입장을 대변하면서 일본의 외교에 커다란 영향을 미쳤던 것으로 생각된다.

이상 살펴본 것 같이 혜자는 일본에서 상당히 활발히 활동하였다. 그런

---

31) 田村圓澄, 앞의 책, 1980, p. 103.
32) 연민수, 앞의 논문, 2002, p. 223.
33) 『三國史記』권20, 高句麗本紀 8, 영양왕 14년조.
34) 이성시, 앞의 논문, 1990, p. 79.
35) 신라의 圓光・慈藏의 예에서도 알 수 있듯이 외교 분야에서 국가적으로 중요한 역할을 수행하였던 승려들의 모습은 얼마든지 찾아 볼 수 있다.

데 혜자는 推古 23년(영양왕 26년, 615) 다시 귀국하였다. 혜자를 제외하고 일본으로 건너갔던 고구려 승려들의 귀국여부에 대하여 정확히 알 수 없다.36) 따라서 혜자가 다시 귀국했다는 점은 매우 주목되는 사실이다. 그렇다면 20년 동안 일본에서 체류하며 정치적 · 외교적 · 사상적으로 영향력을 행사하던 혜자가 귀국하였던 이유는 무엇이었을까. 그 이유를 자세히 알 수 없지만 그가 일본에 파견되었던 것이 고구려와 일본, 양국의 필요 때문이었다는 점을 생각하면 귀국 이유 역시 그와 무관하지 않을 것으로 생각된다.

　　혜자가 귀국한 시기는 고구려의 對隋전쟁이 끝나고 수나라와 긴장상태가 어느 정도 해소되었던 때였다. 특히 隋의 국력이 급속히 약화되고 있었던 시기였다. 귀국하기 전 혜자는 이러한 隋 내부정세 변화에 대한 상세한 정보를 알고 있었던 것으로 생각된다. 아마 推古 23년(615) 9월 隋에서 귀국했던 遣隋使 犬上君御田鍬 등을 통해 당시 혼란스러운 隋 내부사정에 대한 정보를 입수하였던 것으로 생각된다.37) 더구나 隋의 사정을 잘 알고 있었던 백제의 사신이 일본에 와서 같은 내용의 정보를 혜자에게 주었을 것으로 생각된다.38) 따라서 혜자는 이러한 정보들을 바탕으로 고구려와 일본 양국의 외교정책이 전환될 것을 예상하고 귀국하였던 것이다.

　　혜자의 귀국 당시 이미 일본 내부의 상황은 변화되고 있었다. 推古 18년(610) 이후 일본의 외교는 백제 · 고구려 중심에서 신라와 수를 포함한 다면 외교로 확대되었다. 즉 이러한 외교적 변화는 당시 일본의 외교에 깊숙이 관련되어 있었던 혜자의 위상에 변화를 가져왔을 것이다.39) 혜자와 고구려를 둘러싼 대내외적 주변 정세가 변화되기 시작하자 혜자는 새로운 활동을 모색해보기 위하여 귀국하였던 것으로 생각된다.

---

36) 또한 중국 求法僧들도 귀국여부를 정확히 알 수 없는 경우가 많다.
37) 『日本書紀』 권22, 推古天皇 23년 秋9월조.
38) '百濟之使 則從犬上君 而來朝'(『日本書紀』 권22, 推古天皇 23년 秋9월조). 백제는 바로 전 해(614) 수에 사신을 파견하여 혼란스런 내부사정을 파악하고 있었다고 한다(新川登龜男, 앞의 논문, 1994, p. 116).

그리고 혜자를 일본에 파견하였던 영양왕도 새로운 변화를 맞이하게 되었다. 귀족연립정권하에서 영양왕은 수와 대치하며 형성되었던 대외적 위기 상태를 왕권강화와 정국안정에 적극 이용하였다.[40] 그런데 영양왕 25년(614) 수와의 전쟁이 종식되자 고구려 내부적인 상황도 변화되기 시작했을 것이다. 영양왕은 고구려를 둘러싼 국제정세가 변화하자 국내정치를 새롭게 운영하고자 하였고, 이를 위하여 혜자를 귀국시켰던 것으로 생각된다.

C. 甘六年秋八月癸酉朔, 高麗遣使貢方物 因以言 隋煬帝 興州萬衆功我返之爲我所破 故貢獻俘虜貞公普通二人 及鼓吹弩抛石之類十物 幷土物駱駝一匹(『日本書紀』권22, 豊御食炊屋姫天皇 推古天皇).

기록이 부족한 상태에서 고구려에서 혜자가 어떤 활동을 펼쳤는지 추정하는 것은 매우 조심스럽다. 그러나 위의 기록을 살펴보면 혜자가 귀국한 이후의 활동모습에 대해 생각해 볼 수 있을 것 같다. 그 내용은 영양왕 23년(推古 26년, 618) 秋8월 고구려가 일본에 사신을 파견하면서 對隋전쟁에서 획득했던 戰利品들을 함께 보냈다는 것이다. 이 모습을 영양왕 전반기 불교문화를 중심으로 이루어지던 양국 교류의 상황과 비교해보면 달라

---

39) 7세기 초까지 긴장상태에 있던 일본의 對新羅관계가 610년 들어 변화되기 시작하였다. 추고기 들어 일본은 중국과의 외교를 재개하여 隋로부터 선진문물 및 불교, 유교를 받아들이기 위해 노력하였다. 일본은 이를 위해 遣隋使를 자주 파견하였다. 그런데 견수사의 주요 통과지역이었던 우리나라 남해안과 서해안을 신라가 장악하고 있었다. 따라서 일본은 계속 신라와 대립하는 한 견수사의 안전을 보장받기 어려운 상황이었다. 결국 610년을 계기로 일본 외교관계의 변화가 나타나는데 백제·고구려 중심외교에서 신라와 수를 포함한 다면외교로 확대된 것이다. 따라서 혜자가 귀국한 이유가 이러한 일본의 대신라정책의 변화와 관련이 있는 것으로 생각하였다(연민수, 앞의 논문, 2002, p. 226).
40) 영양왕대 나타난 왕권강화의 모습은 계속되는 대수전쟁의 대외적 위기 속에서 나타났던 일시적 현상이었던 것으로 생각되고 있다(임기환, 「6·7세기 고구려 정치세력의 동향」, 『한국고대사연구』 5, 1992, p. 25 ; 『고구려 정치사 연구』, 한나래, 2004, pp. 282~283).

진 변화를 알 수 있다.

영양왕 23년은 唐이 새롭게 등장하였고, 일본은 신라와 점점 더 우호적인 관계를 형성하고 있었던 시기였다.[41] 따라서 고구려가 일본에 전리품을 보냈던 것은 對隋전쟁의 승리를 강조하여 동아시아 지역에서 여전히 自國의 위상이 건재함을 과시하고자 했던 것으로 생각된다. 더불어 일본의 對新羅외교를 견제하고자 하는 목적도 있었을 것이다. 이 때의 대일본 외교는 일본 내부의 사정을 잘 알고 있으며 외교적 경험이 풍부한 혜자에 의해 추진되었던 것으로 생각된다. 그러나 이것은 영양왕대 대일본외교의 마지막 활동이었다. 영양왕이 곧(9월) 사망하였기 때문이다.[42]

그런데 영양왕 이후 혜자의 위상과 활동에 변화가 나타났던 것으로 생각된다. 榮留王이 즉위하면서 정치적 상황이 변화되었기 때문이다. 영류왕은 영양왕의 異母弟였다.[43] 태자가 아닌 이복형제가 왕위에 즉위하였다는 사실은 영류왕의 즉위가 비정상적이었다는 점을 알려준다.[44] 영류왕은 왕위에 즉위하는 데 있어 영양왕의 또 다른 형제인 太陽王(寶藏王의 父)과 대결하였던 것으로 생각되고 있다.[45] 그러므로 영류왕은 즉위 이후 왕위 유

---

41) 推古 24년(616) 신라는 일본에 佛像을 보냈고 623년에는 불상과 금탑 사리 등을 보냈다. 이후 일본승들이 당으로 유학할 때나 귀국할 때 신라 배를 이용하였게 되었다. 이처럼 신라와 일본의 빈번한 불교교류를 통해 양국 외교관계의 변화를 알 수 있다.
42) 『三國史記』권20, 高句麗本紀 8, 영양왕 23년조
43) 『三國史記』권20, 高句麗本紀 8, 영류왕 원년조
44) 고국천왕 이후 형제간의 왕위계승의 경우 반드시 前王이 無嗣者였음을 밝혀주고 있다. 그리고 양원왕 이후 평원왕·영양왕의 왕위계승은 前王 長子에 의하여 순탄하게 이루어졌다. 더구나 영양왕은 재위기간이 29년간으로서 그 기간 동안 태자 책봉이 이루어졌을 것으로 생각된다. 그럼에도 불구하고 영양왕의 異母弟인 영류왕이 즉위하였던 것은 영류왕의 왕위계승이 비정상적인 것이었음을 알려주는 것이라 하겠다(임기환, 앞의 책, 2004, p. 300 ; 田美姬, 「淵蓋蘇文의 執權과 그 政權의 性格」, 『李基白先生古稀紀念 韓國史學論叢』上, 1994, pp. 276~279).
45) 전미희, 앞의 논문, 1994, pp. 276~279.

지에 커다란 관심을 가지고 있었을 것으로 생각된다.[46)]

무엇보다 영류왕이 왕위를 유지하고 안정시키기 위해 가장 먼저 견제했을 대상은 바로 前王 영양왕과 관련된 세력들이었을 것이다. 평원왕·영양왕대 정국운영의 주도세력은 평양계 신진귀족세력들로서 이들은 대외강경책을 유지하며 對新羅·對隋전쟁을 주도하였던 것으로 생각된다.[47)]

그러나 영류왕은 즉위 이후 차츰 이러한 세력들을 배제하고 새로운 세력들과 손을 잡고 정국을 운영해나갔던 것이다. 즉 평양계 신진귀족세력과 대립하고 있었던 국내계 귀족세력들이 영류왕의 즉위를 지원하였던 것으로 생각되며 영류왕대 그 정치적 입지를 강화해나갔던 것이다. 영류왕대 보이는 대당온건적인 대외정책의 변화는 정국주도세력의 변화를 잘 보여주는 것이라 하겠다.[48)]

이처럼 영류왕의 즉위 이후 前王代 중심세력이었던 평양계 신진귀족세력들이 타격을 입게 되었다. 의연을 통해 알 수 있듯이 평양계 신진귀족세력들은 주로 불교와 밀접한 연관을 맺고 있었으므로 이들과 연결되고 있었던 불교세력 역시 그 활동이 위축되었을 것으로 생각된다.[49)] 특히 영양왕과 밀접하게 연결되어 있었던 혜자 역시 그 활동에 영향을 받게 되었을 것이다.

---

46) 전미희, 앞의 논문, 1994, p. 279.
　　영류왕이 연개소문을 제거하기 위하여 귀족들과 결합하였던 것은 왕위를 유지하기 위함이었다고 한다. 영류왕과 함께 연개소문의 제거를 모의했던 귀족들은 귀족연립체제를 추구하였던 세력으로서 이들이 추구하는 바는 왕권강화에 정면으로 배치되는 것이었다. 그렇지만 영류왕은 왕권강화보다는 왕실의 안정, 즉 왕위 유지가 급선무였으므로 이들과 손을 잡을 수밖에 없었던 것으로 생각하였다.
47) 임기환, 앞의 논문, 1992, pp. 39~42 ; 앞의 책, 2004, pp. 299~300.
48) 임기환, 앞의 논문, 1992, pp. 39~42 ; 앞의 책, 2004, pp. 299~300.
49) 그런데 평양계 신진귀족세력들도 그 구성원이 다양하였다. 따라서 평양계 신진귀족세력 내에서 榮留王代 정국에 대처하는 모습은 각각 달랐을 것으로 생각된다. 그러나 평양계 신진귀족세력 내의 움직임에 대해서 자세히 언급하기 어렵다. 한편 당시 평양계와 국내계로 구분되어 있는 귀족세력들의 사상적인 동향에 대해서는 보다 세밀한 고찰이 필요할 것으로 생각된다.

그런데 이러한 상황 속에서 영류왕 4년 혜자가 齋를 열고 있는 모습이 주목된다. A-5에서처럼 영류왕 4년(621) 혜자는 성덕태자의 죽음을 애도하기 위하여 승려들을 모아 재를 열고 講經하였다. 이 자리에서 혜자는 성덕태자를 德을 갖추고 佛法을 수호하며 백성의 재난을 구원하였던 聖人으로 매우 칭송하였다고 한다.

이 내용은 후대의 윤색이 가해졌던 것으로 생각되고 있어 신빙성의 논란이 있다.50) 그렇지만 혜자가 성덕태자를 칭송했던 내용을 당시 고구려의 상황과 연관시켜 살펴볼 수 있지 않을까 생각된다. 혜자가 이상적으로 생각하였던 왕은 성덕태자와 같이 佛法을 수호하는 왕의 모습이었을 것으로 생각된다.51) 영류왕이 즉위한 후 前王과 연결되었던 귀족세력들이 배제되고 그들과 연관된 불교세력이 약화되자, 혜자는 영류왕에게 성덕태자와 같은 佛法을 수호하는 法王, 聖王과 같은 이상적인 왕의 모습을 제시하였던 것으로 추측된다.

한편 이러한 齋會의 실시는 다수의 인원이 모일 수 있는 좋은 기회가 되었을 것이다. 혜자는 승려들과 후원 귀족세력들을 결집시켜 자신의 세를 과시하면서 무언가 활동을 모색하고자 했던 것이 아닌가 생각된다. 그러나 혜자는 바로 다음 해인 영류왕 5년 입적하였다.52)

---

50) 田村圓澄, 앞의 책, 1969, pp. 263~277.
51) 성덕태자가 사망한 후 성덕태자 신앙이 형성되어 일본의 석가로 승화되고 法王으로 불리웠다. 이러한 신앙이 형성되게 된 배경에는 신라 불교계의 영향이 있었던 것으로 생각되고 있다(田村圓澄, 앞의 책, 1980, pp. 150~153). 그런데 혜자가 성덕태자를 法王으로 인식하였다는 점에서 고구려 불교의 영향도 생각해 볼 여지가 있을 것 같다.
52) 그런데 혜자의 이러한 활동은 榮留王에게 오히려 긴장감을 불러일으켰던 것으로 생각된다. 불교의식을 중심으로 자신의 반대세력들이 결집할 수 있다는 사실을 확인하는 계기가 되었을 것이기 때문이다. 따라서 영류왕은 불교계에 대한 견제를 강화하고 同王 7년(624) 당이 고구려에 전한 도교에 대해 보다 더 관심을 갖게 되었을 것으로 생각된다.

2. 嬰陽王代 佛敎治國策

嬰陽王 6년(595) 일본으로 건너갔던 慧慈는 平原王代부터 승려로서 활동하였던 것으로 생각된다. 평원왕은 혼란했던 정국을 안정시키고 국내통치체제를 재정비하였다.[53] 그리고 불교계 역시 재정비되어 더욱 발전하였다.

영양왕대에 들어 고구려 불교는 더욱 융성하였을 것으로 생각된다. 영양왕대 일본이 고구려 불교를 적극적으로 받아들였다는 사실을 통해 알 수 있다.

D-1. (推古)十年(嬰陽王 13, 602) 乙亥朔己丑 高麗僧僧隆 雲聰 共來歸
 -2. (推古)十三年(嬰陽王 16, 605) 是時 高麗國大興王 聞日本天皇造佛像 貢上黃金三百兩.
 -3. (推古)十八年(嬰陽王 21, 610) 春三月 高麗王貢上僧曇徵 法定 曇徵 知五經 且能作彩色及紙墨 幷造碾磑 蓋造碾磑 始于是時歟(『日本書紀』권 22, 豊御食炊屋姫天皇 推古天皇).

『日本書紀』에 등장하는 고구려 불교 관련기사는 6세기 중반 이후부터 계속 찾아 볼 수 있는데 특히 영양왕대에 집중되어 있다. 推古朝 일본은 고구려 승려들을 통해 고구려 불교를 집중적으로 받아들였다.[54] 앞에서 살펴본 것처럼 혜자가 성덕태자의 스승으로서 사상적·정치적·외교적 측면에서 중요한 역할을 하고 있었다. 또한 많은 고구려 승려들이 일본에 건너가 활동하였다.[55]

먼저 영양왕 13년(602) 일본으로 건너 간 僧隆과 雲聰의 존재가 주목된

---

53) 이성시, 앞의 논문, 1990, pp. 59~63 ; 이성제, 「高句麗와 北齊의 관계」, 『한국고대사연구』 23, 2001, pp. 254~255.
54) 정병삼, 앞의 논문, 2002, pp. 103 표 1 참조.

다. 왜냐하면 이 해에 고구려가 신라의 북한산성을 공격했기 때문이다. 이 것은 바로 전 해에 고구려-백제-왜를 잇는 군사협력체계가 형성된 결과 였던 것으로 생각된다. 따라서 별다른 활동이 나타나고 있지는 않지만 승 륭과 운총이 602년 일본에 갔던 것은 고구려의 신라공격과 밀접한 관련을 맺고 있는 것으로 생각된다.

영양왕 16년(605)에는 飛鳥寺 丈六銅像이 제작되기 시작하였다는 소식 을 듣고 영양왕이 황금 300냥을 보냈다.[56] 그런데 비조사는 가람배치가 1탑 3금당식으로 고구려의 것과 동일하였다. 이처럼 비조사의 건립에는 고구려 의 영향이 상당하였을 것으로 생각된다.[57] 영양왕 21년(610)에는 曇徵과 法 定이 일본으로 와서 채색·紙墨·맷돌의 제조법을 전수하였다. 담징은 五 經을 잘 알고 있었다고 하여 유학에도 깊은 조예가 있었던 것으로 생각된 다. 즉 담징은 승려이자 학자이며 공예기술자로서 일본 불교문화의 발전에 큰 영향을 주었던 것으로 생각된다.[58]

이처럼 영양왕대 고구려와 일본의 불교교류가 활발히 이루어졌다는 사 실은 상당히 주목된다. 왜냐하면 일본의 불교는 백제로부터 전래되었고, 전 통적으로 백제 불교와 밀접한 관련을 맺고 있기 때문이다. 추고조 일본에

---

55) 영양왕대 이외의 시기에 일본으로 건너가 활동하였던 고구려 승려들은 다음과 같 다. 고구려 평원왕대인 敏達天皇 13년(585) 고구려의 환속승 惠便이 일본대신 蘇 我馬子宿禰의 스승으로서 善信尼를 비롯한 3명의 비구니를 得度시켰다(『日本書 紀』권20, 敏達天皇 13년조.). 그리고 영류왕대에는 慧灌, 道登 등이 일본으로 건너 갔다(『日本書紀』권22, 推古天皇 33년조(625) 및 『本朝高僧傳』권72, 道登傳). 보장 왕대 활동한 것으로 생각되는 道顯은 일본으로 건너가 『日本世記』를 편찬하였다 (『日本書紀』권26, 齊明天皇 6년 7월조). 고구려 멸망 후에도 일본에서 활동하는 고구려 승려들의 존재는 계속 발견된다. 福嘉(『日本書紀』권30, 持統天皇 7년(693) 6월조), 信成과 東樓(『續日本紀』권2, 文武天皇 원년(701) 8월조) 등은 고구려 멸망 이후 일본에서 활동하였던 승려들로 생각된다.
56) 田村圓澄, 앞의 책, 1980, pp. 103.
57) 연민수, 앞의 논문, 2004, p. 140.
58) 田村圓澄, 앞의 책, 1980, p. 103.

는 고구려 불교뿐만 아니라 백제에서 계속 불교가 전해지고 있었다.[59] 그러나 일본에서 고구려 불교와 백제 불교는 그 역할의 차이가 있었던 것으로 생각된다. 백제는 '佛寺'의 기능을 할 수 있도록 일본 불교를 도왔고, 고구려는 일본 불교의 사회적 기능에 도움을 주었다는 것이다. 즉 고구려 불교가 전해져 일본 불교문화의 보다 폭넓은 이해를 가져오게 되었다는 것이다.[60]

한편 영양왕대 일본에 고구려 승려들을 보냈던 것은 일본과 밀접한 관계를 형성하여 국제적으로 유리한 입장을 확보하고자 했던 외교적 노력의 일환이기도 했다. 그러나 고구려 불교의 수준이 높지 않았다면 백제 불교의 영향을 강하게 받고 있었던 일본 불교에 별다른 영향을 주지 못했을 것이다. 따라서 영양왕대 고구려 불교가 상당히 발전하였음을 확인해 볼 수 있다. 그렇다면 영양왕대 고구려 불교가 발전 융성할 수 있었던 원인은 무엇이었을까.

6세기 말 고구려를 둘러싼 주변 정세는 크게 변화하였다. 隋가 등장하여 중국의 통일을 이룩하자 5세기 이래 유지되고 있던 동아시아 국제질서의 세력균형이 파괴되었다.[61] 따라서 고구려는 수와의 대결에 대비하여 전쟁준비를 하는 한편 여러 차례 隋에 조공 사절을 파견하는 등 외교적 노력을 기울였다.

이 시기 隋 불교계에는 전과는 다른 변화가 나타나고 있었다. 北周 武帝의 폐불로 약화되었던 불교를 隋 文帝가 다시 부흥시켰던 것이다. 隋 文帝는 새로운 통일국가의 사상적 지도 원리로서 불교를 이용하여 국가를 통치하였다. 즉 수 문제는 적극적인 佛教治國策을 실시하였던 것으로 五嶽에

---

59) 일본이 백제와 고구려의 불교를 함께 수용하였던 것은 각국 불교의 특징 때문이었다고 보고 있다. 즉 백제를 통해서는 南朝佛敎를, 고구려를 통해서는 北朝佛敎를 받아들이고자 하였다는 것이다(田村圓澄, 앞의 책, 1980, pp. 103~104).
60) 홍윤식, 앞의 논문, 1991, pp. 92~93.
61) 노태돈, 「영역국가 체제의 형성과 대외관계」, 『고구려사연구』, 사계절, 1999, p. 353.

佛寺를 건립하고 전국 각지에 사리탑을 건설하였다. 또한 25衆과 5衆을 설치하여 학문적으로도 불교를 발전시켰다고 한다.62)

또한 隋 文帝는 불교를 적극적으로 이용하여 국가를 통치하였다. 이러한 모습은 고구려에도 영향을 주었을 것으로 생각된다. 영양왕 12년(601) 수에 파견된 고구려 및 백제·신라의 사신들이 각각 한 과의 사리를 청하였다고 한다. 三國은 수에서 사리를 가져가 佛塔을 건립하여 부처를 공양하고자 하였던 것이다.63)

수 문제는 人壽年間(601-604)에 사리탑을 건립하라는 칙명을 내려 전국 각지에 110개의 사리탑을 건립하였다. 그런데 이처럼 부처의 사리를 봉안하여 佛塔을 세우는 사리탑신앙은 轉輪聖王의식과 관련이 있다. 수 문제가 건립한 사리탑의 원형은 아육왕이 세운 8만4천개의 佛塔이다. 또한 인수연간 恒州에서 사리탑을 세울 때 바닥에서 '轉輪聖王佛塔'이라는 글씨가 발견되었다고 한다.64) 즉 당시 불교계에서는 수 문제를 전륜성왕으로 인식하고 있었던 것이다.65)

당시 三國은 이처럼 수 문제가 전국 곳곳에 사리탑을 건설했던 모습에 영향을 받아 이러한 요청을 하였던 것으로 생각된다. 즉 고구려에서도 隋의 사리탑신앙을 잘 알고 있었기 때문에 직접 받아들이고자 했던 것으로 생각된다.66) 영양왕도 수 문제와 같이 국가통치에 불교를 적극적으로 이용하였을 것으로 생각된다.67)

---

62) 山崎宏, 『支那中世佛教史の展開』, 清水書店, 1942, pp. 283~296 ; pp. 298~308.
63) '高麗百濟新羅三國使者將還 各請一舍利於本國起塔供養 詔並許之'(道宣, 『廣弘明集』권17, 慶舍利感應表).
64) 南東信, 『元曉의 大衆教化와 思想體系』, 서울대학교 박사학위논문, 1995, pp. 28~29.
65) 이처럼 수 문제의 사리탑 건립과 전륜성왕의식은 밀접한 관계가 있다(山崎宏, 앞의 책, 1942, pp. 348~349).
66) 이때 신라는 진평왕대이고 백제는 무왕대였다.
67) 이러한 모습은 같은 시기 신라 眞平王과 일본 聖德太子의 국가운영모습에서도 확

영양왕은 즉위 초기부터 왕권강화를 추구하였다. 먼저 영양왕 9년(598) 왕이 말갈군을 거느리고 요서를 親征한 모습을 통해 확인해볼 수 있다. 대외정복활동에서 왕의 친정은 왕권강화와 밀접하게 연관되어 있다는 것을 생각하면 영양왕대 왕권의 위상을 확인해 볼 수 있다. 또한 同王 11년『新集』과 같은 역사서가 편찬되었던 사실을 통해 이전과 달라진 왕권의 면모를 찾아볼 수 있다.[68]

또한 영양왕은 불교를 통치에 적극 이용하였다. 앞서 살펴보았던 혜자와 고구려 승려들의 활동을 통해 살펴볼 수 있다. 뿐만 아니라 혜자는 사상적 측면에서도 영양왕의 왕권강화에 도움을 주었던 것으로 생각된다. 즉 혜자가 영양왕과 밀접한 관련을 맺을 수 있었던 원인을 사상적 측면에서 찾아볼 수 있는 것이다.

혜자의 思想을 직접 살펴볼 수 있는 기록은 없다. 따라서 그의 사상을 이야기하는 것은 매우 어려운 일이다. 그런데 혜자가 성덕태자에게 불교를 가르쳤다는 점이 주목된다. 즉 성덕태자의 불교사상을 통하여 혜자의 사상적인 측면을 유추해볼 수 있지 않을까 생각된다.

E-1. (古十四年)秋七月, 天皇請皇太子, 令講勝鬘經, 三日設竟之. 是歲, 皇太子亦講法華經於岡本宮(『日本書紀』권22, 豊御食炊屋姬天皇 推古天皇).
 -2. 上宮王師高麗慧慈法師王命 能悟涅槃常住五種佛性之理 明開法華三車權實二智之趣 通達維摩不思議解脫之宗 且知經部薩婆多兩家之辨 亦知

인된다. 특히 신라 진평왕대 佛敎治國策이 추진되었는데, 이 시기 원광과 자장과 같은 승려들의 정치참여와 외교적 역할이 부각되는 모습을 통해 알 수 있다(남동신, 앞의 책, 1995, p. 14).
(68) 『日本書紀』에 등장하는 안원왕 말년 발생했던 왕위 계승전의 기사가 고구려본기에서 빠진 것을 보면 고구려 역사서의 개편이 있었던 것을 알 수 있다. 이러한 역사서의 개편을 新集 편찬과 관련시켜 본다면 이러한 모습은 왕권안정을 목적으로 이루어진 것이고 그만큼 왕권이 강력해졌다는 것을 알려주는 것이라 하였다(임기환, 앞의 책, 2004, pp. 282~283).

三玄五經之旨 … 卽造法華等經疏 七卷(「上宮聖德法王帝說」,『大日本佛教全書』112冊).

먼저 推古 14년(606) 성덕태자가 직접 『勝鬘經』과 『法華經』을 講說하였다는 기록이 주목된다. E-2의 내용을 보면 성덕태자는 『涅槃經』에서 이야기하고 있는 法身常住와 五種佛性의 이치를 깨닫고 있으며, 『法華經』의 三乘과 一乘設 및 權智와 實智의 旨를 明開하였으며 『維摩經』의 不思議解脫의 宗趣에도 通達하였다고 한다.

더구나 성덕태자는 天平 19년(747) 발견된 『三經義疏』(『法華經』, 『維摩經』, 『勝鬘經』의 疏)의 撰者로 알려져 있다.69) 즉 성덕태자와 관련 있는 『涅槃經』, 『法華經』, 『維摩經』, 『勝鬘經』 등 과 같은 불교경전들은 혜자와도 연관이 있을 것으로 생각된다.70) 물론 이러한 불교경전들이 일본에 미리 들어와 있었고, 일본 측 요구에 의해서 주로 소개되었을 가능성도 크지만 기본적으로 혜자와 관련이 있었을 것으로 생각할 수 있을 것 같다.

---

69) 성덕태자가 撰하였다고 알려져 있는 『三經義疏』의 진위여부에 대해서는 일본 학계에서도 논란이 계속되고 있다. 天平十九年(747) 성덕태자가 直筆하였다는 『法華經』, 『維摩經』, 『勝鬘經』의 주석서인 『三經義疏』가 나타났는데, 이 『三經義疏』를 성덕태자가 직접 찬하였는가에 대한 논란이 현재 일본 학계에서 계속 진행 중이다. 그런데 『三經義疏』에 대한 연구 중 최근 중시되는 견해로는 다음과 같은 내용이 있다. 성덕태자 찬 『勝鬘經義疏』가 中國北朝에서 隋代에 이르는 기간 성립됐던 『승만경』에 대한 주석서인 돈황 출토 『勝鬘經義疏』와 70% 정도 그 내용이 동일한 것으로 평가되었다. 즉 성덕태자 찬 『勝鬘經義疏』는 6세기 후반 中國北朝 단계에 성립되었던 것으로 생각되고 있다. 또한 『法華經義疏』, 『維摩經義疏』는 隋代에서 初唐단계에 성립되었던 것으로 연구되었다. 따라서 성덕태자 찬 『三經義疏』는 天平期(729-748) 파견되었던 遣唐使에 의해 일본으로 전래되었던 경전이었을 가능성에 대하여 이야기하고 있다(大山誠一, 앞의 책, 1999, pp. 66~67).
70) 성덕태자 찬 『三經義疏』에 대해서는 여러 가지 면에서 논란이 진행되고 있지만 성덕태자가 혜자에게서 이러한 경전들을 수강하여 관심을 가졌던 경전들이었다는 점을 알려주는 좋은 자료로서 생각되고 있다(김영태, 앞의 책, 1986, pp. 167~169 ; 김동화, 「百濟佛敎의 日本傳受」, 앞의 책, 1987, p. 93).

먼저 혜자와 관계있는 경전 중에서 『法華經』의 존재가 주목된다. 『法華經』은 護國經的 성격이 강한 불교경전으로 삼국에서 모두 유행하였다.[71] 특히 중국과 신라, 백제와 대외적인 긴장상태를 유지하며 발전하였던 고구려에서 호국경전들은 중시되었을 것으로 생각된다.[72] 수의 등장 이후 긴장이 고조되고 있던 6세기 후반 혜사는 『法華經』을 통해 국가안녕을 기원했을 것으로 생각된다.

한편 『法華經』의 '會三乘 歸一日乘', '會三歸一'의 사상은 왕권강화와 밀접한 관련을 맺고 있는 것으로 생각되고 있다.[73] 즉 혜자는 『法華經』을 통해 護國佛敎的 성격을 강조하였고 영양왕이 추구하였던 왕권강화에 일정한 역할을 하면서 왕과 밀접한 관계를 맺었던 것으로 생각된다.[74]

6세기대 이후 고구려 불교는 교학적으로 크게 발전하였다.[75] 특히 의연이 지론종을 소개한 후 고구려에서는 『涅槃經』에 대한 관심이 높아졌고 佛性에 대한 논의가 전개되었던 것으로 생각된다. 그런데 『法華經』 역시 衆

---

71) 삼국에서 환영을 받았던 불교경전으로는 『法華經』・『仁王經』・『藥師經』・『勝鬘經』 등이 있었다(李基白, 「삼국시대 불교수용과 그 사회적 의의」, 『新羅思想史研究』, 일조각, 1986, p. 22).
72) 고구려에서 백좌강회와 같은 호국법회가 실시되었다는 기록은 없다. 그러나 양원왕대 신라로 갔던 혜량이 백좌강회, 팔관회를 실시하였다는 점을 통해 고구려에서는 양원왕대 이전 이러한 호국법회들이 실시되었을 것으로 생각된다.
73) 이러한 모습은 특히 고려 후기 忠烈王代를 중심으로 유행하였던 法華信仰을 통해 알 수 있다. 고려후기 무인정권기 이래 혼란과 분열을 극복하고 실추된 왕권을 회복하고자 한 시기에 법화신앙이 유행하였다. 당시 법화신앙은 국왕이 중심이 되어 국왕의 왕권강화정책을 정당화하면서 국왕을 구심점으로 한 정치적 단합과 결속의 중요성을 강조하기 위한 것이었다고 한다(변동명, 「高麗 충렬왕대의 묘련사 창건과 법화신앙」, 『한국사연구』 104, 1999).
74) 이러한 모습은 백제 위덕왕대 이후 성행하였던 백제 법화신앙의 모습을 통해서도 잘 살펴볼 수 있다(김수태, 「百濟 法王代의 佛敎」, 『백제불교의 새로운 연구』, 2000, pp. 15~21).
75) 義淵의 경우를 통해 알 수 있듯이 평원왕대 고구려에는 『菩薩支持經』・『十地經論』・『大智度論』・『金剛般若經』 등과 같은 佛敎經論이 소개되어 연구되고 있었다.

生成佛의 원리가 있는 경전이었다.[76] 『維摩經』과 『勝鬘經』 역시 如來藏사상을 설하고 있는 경전이다. 따라서 혜자와 관련된 이러한 경전들을 통해 그가 佛性의 문제에 대해 관심을 가지고 있었던 것으로 생각된다.[77] 즉 평원왕 대부터 나타났던 佛性에 대한 논의와 평등의 문제에 대한 관심이 영양왕대 들어서도 계속 되었고 승려뿐만 아니라 재가신도들에게까지 그 관심이 확대되었던 것으로 생각된다.

그리고 6세기 중엽 이후 고구려의 불교는 왕실, 귀족뿐만 아니라 지방의 在地세력층에게로 확대되고 있었다.[78] 평원왕대·영양왕대 불교의 신앙계층이 확대될 수 있었던 데에는 평원왕대 보살계를 소개한 의연이 중요한 역할을 하였다.[79] 고구려에서 점차 재가신도들이 늘어나면서 그들의 규범이라 할 수 있는 『維摩經』과 『勝鬘經』에 대한 관심도 역시 높아갔을 것이다.[80] 이상의 내용을 통해 혜자가 『涅槃經』·『法華經』·『維摩經』·『勝鬘

---

76) 衆生成佛의 원리는 일반적으로 동물의 本性, 人生의 本性은 佛性, 즉 善性이라는 것이다. 이 本性은 만인이 평등할 뿐만 아니라 一切萬物 내지 無情까지도 평등하다는 것이라 한다(김동화, 앞의 책, 1987, pp. 45~48)

77) 정선여, 앞의 논문, 2000, pp. 492~494 ; 남무희, 앞의 논문, 2001, pp. 119~120.

78) 황해도 곡산군에서 출토되었던 景四年辛卯銘金銅佛像 조상자들의 신분은 지방 재지지배자 혹은 중앙에서 파견된 지방관 등으로 추정되고 있다(土居那彦, 「삼국시대의 善知識과 智識의 기초적 검토」, 『한국고대사연구』 16, 1999, p. 383 주) 20 참조). 그리고 혜량이 지방의 사원에서 주석하였을 것이라는 점, 평원왕대 대승상 왕고덕이 불교를 변두리까지 알리려고 했던 점 등을 통해서도 6세 기대 이후 불교가 지방으로까지 확산되었을 것으로 생각된다.

79) 義淵은 북제로부터 『보살지지경』에 대한 자세한 이해를 갖고 돌아와 고구려에 소개하였다. 『보살지지경』은 소승계율을 포함하여 대승계로서 유가계를 설명한 것으로 대승보살이 지켜야 될 계율을 설한 경전이었다. 따라서 대승계인 보살계도 소개되었을 것이다(정선여, 앞의 논문, 2000, p. 489).

80) 『維摩經』과 『勝鬘經』은 僧俗의 차별을 극복하고 평등을 주장하여 대승불교의 在家主義를 표방하는 대표작들이다. 즉 維摩와 勝鬘은 在家佛敎의 이상적 체현자들이었던 것이다. 따라서 이들은 고구려 재가신도들 사이에서 중요한 신앙대상이 되었을 것이다.

經』 등과 같은 불교경전과 관련이 있음을 추정해 볼 수 있다.[81]

　지금까지 혜자의 思想을 검토하여 혜자와 영양왕과의 관계 및 당시 佛敎思想의 발전모습에 대해 알 수 있었다. 영양왕대 고구려 불교는 매우 발전 융성하였는데 새롭게 불교가 부흥하였던 隋의 영향을 받았던 것으로 생각된다. 영양왕은 수 등장 이후 대외적 위기감이 고조되는 상황 속에서 이러한 상황을 극복하고 왕권강화를 추구하기 위해 적극적으로 불교를 이용하였던 것으로 생각된다. 이 시기 혜자와 같은 승려들이 정치적·외교적으로 중요한 역할을 하였던 점을 통해 알 수 있다. 특히 당시 동아시아 지역에서 외교적 중요성이 높아지고 있던 일본과의 외교에 있어 불교를 활용하였던 것이다. 推古朝 일본이 고구려 불교를 적극적으로 받아들여 불교를 발전시켰다는 점을 통해 영양왕대 고구려 불교의 선진적 수준과 그 발전모습을 확인해 볼 수 있다.

3. 道敎의 전래와 佛敎敎團의 통제

　嬰陽王代 고구려 불교는 상당히 발전 융성하였다. 推古朝 일본이 고구려 불교를 적극적으로 수용하였던 모습을 통해 잘 알 수 있다. 그러나 榮留王 즉위 이후 고구려 불교계는 변화되었던 것으로 생각된다. 普德을 통해 그러한 변화를 살펴볼 수 있다.

---

81) 한편 혜자를 삼론학자로서 보는 의견도 있다(김동화, 앞의 책, 1987, p. 40 ; 안계현, 앞의 책, 1983, p. 11). 그렇지만 혜자가 삼론학자였다는 직접적인 기록은 없다. 다만 推古朝에 일본에서 활동했던 고구려와 백제의 승려들이 대부분 삼론학자였다는 점 때문에 혜자도 삼론학과 관련이 있는 것으로 생각되었던 것 같다. 일본에서 삼론학은 영류왕대 일본으로 온 고구려의 혜관에 의해 본격적으로 소개되었다.

보덕의 출생, 출가 및 입적과 관련된 기록이 없기 때문에 그 활동시기를 정확히 알 수 없다. 그런데 보덕에 관련된 기록 중 정확히 시기를 알려주는 내용이 있다. 따라서 그 내용을 검토하여 보덕의 활동시기에 대한 구체적인 이해가 이루어질 수 있을 것으로 생각된다.

F-1. (寶臧王)九年 夏六月, 盤龍寺普德和尙, 以國家奉道, 不信佛法, 南移完山孤大山(『三國史記』권22, 高句麗本紀10).

 -2. 高麗本記云 … 時普德和尙住盤龍寺 … 乃以神力飛方丈, 南移于完山州(今全州也)孤大山而居焉. 卽永徽元年庚戌六月也.(又本傳云, 乾封二年丁卯三月三日也.)未幾國滅.(以總摠章元年戊辰國滅, 則計距庚戌十九年矣.) 今景福寺有飛來方丈是也云云(已上國史) … (『三國遺事』권3, 興法3, 寶藏奉老普德移庵).

 -3. …普德大士自盤龍飛來之堂也. 普德字智法. 嘗居高句麗盤龍山延福寺. 一日. 忽謂弟子曰. 句麗唯尊道敎. 不崇佛法. 此國必不久矣. 安身避難. 有何處所. 弟子明德曰. 全州高達山. 是安住不動之地. 乾封二年 丁卯三月三日 … 崔致遠作傳備詳. 故於此略之(『東國李相國全集』권23, 記, 南行月日記).

위의 기록들은 보덕이 고구려를 떠나 남쪽으로 이주했다는 내용으로 그 이주시기가 구체적으로 언급되었다. 그런데 보덕이 고구려를 떠난 시기를 서로 다르게 이야기 하고 있어 주목된다.

보덕이 고구려를 떠난 시기가 寶臧王 9년(永徽元年庚戌六月, 650)과 寶臧王 26년(乾封二年丁卯三月三日, 667)으로 서로 다르게 나타나고 있다.[82]

---

82) 普德에 관한 기록들이 나오는 문헌들은 『三國史記』, 『東國李相國集』, 『三國遺事』, 『大覺國師文集』이다. 각각의 문헌들에서 普德에 대한 내용을 편찬하는 데 사용된 典據資料들은 「海東三國史」와 최치원이 저술한 「普德傳」 등으로 생각되고 있다. 이처럼 普德에 관한 내용을 기록한 문헌들과 그 典據資料에 대해 아래 논문들에서 구체적으로 검토하였다.
李康來, 『三國史記 典據論』, 民族社, 1992 ; 김주성, 앞의 논문, 2003a ; _____, 앞의 논문, 2003b.

이처럼 보덕이 고구려를 떠난 때로 이야기되는 두 시기는 각각 의미가 있을 것이다. 두 시기 사이에 나타났던 적지 않은 시차는 이주의 단계적 진행과 정을 설명해주는 것으로 생각된다. 즉 보장왕 9년은 普德이 고구려를 떠난 시기로, 보장왕 26년은 完山지역에 정착한 후 새롭게 창건한 사찰이 완성되어 보덕이 그 곳에서 본격적인 활동을 시작한 시기로 이해할 수 있을 것 같다.[83]

따라서 보장왕 9년(650) 고구려를 떠난 보덕은 영류왕대(618-641) 이미 승려로 출가하였을 것으로 생각된다.

G. 僧傳云. 釋普德, 字智法. 前高麗龍岡縣人也. 詳見下本傳. 常居平壤城. 有山方老僧. 來請講經. 師固辭不免. 赴講經涅槃四十餘卷… (『三國遺事』 권4, 塔像4, 高麗靈塔寺).

위의 내용은 보덕의 전반기 활동에 해당된다고 생각된다. 먼저 보덕의 신분에 대해 알 수 있는데 '龍岡縣人', 즉 지방민이었다. 보덕 이전에 활동하였던 고구려 승려들의 신분은 대체로 귀족으로 생각되고 있다.[84] 따라서

---

[83] 보덕이 고구려를 떠난 시기를 어떻게 이해할 것인가에 대해 여러 가지 의견이 있다. 먼저 노용필은 650년을 보덕이 高句麗 盤龍寺에서 남하를 시작하여 孤大山에 도착한 시점으로, 667년은 景福寺가 완공되어 이주가 완전히 마무리된 시점으로 이해하였다(노용필, 앞의 논문, 1989, pp. 133~134). 한편 김주성은 보덕의 이주시기를 구체적으로 파악하였다. 보덕이 고구려를 떠난 것은 『三國史記』와 『三國遺事』에서 공통적으로 언급되는 650년으로 보는 것이 보다 정확할 것이라 하였다. 그리고 667년은 보덕의 전기를 저술한 최치원의 인식에 의거한 것으로 보았다. 최치원은 보덕의 이주와 고구려의 멸망을 연결시키려 했기 때문에 보덕의 이주시기를 667년으로 보았다고 하였다(김주성, 앞의 논문, 2003a, pp. 16~19). 보덕에 관한 다른 연구자들도 보덕이 고구려를 떠난 시기를 『三國史記』에 의거하여 650년으로 파악하고 있다.

[84] 義淵과 慧慈의 신분은 귀족으로 생각되고 있다(정선여, 「高句麗 승려 義淵의 활동과 思想」, 『한국고대사연구』 20, 2000, pp. 476~488), 본문 3장의 1, 2절 참조 ; 남무희, 「高句麗後期佛教思想研究—義淵의 地論宗 收用을 중심으로」, 『國史館論叢』 95, 2001, pp. 105~117).

지방민 출신인 보덕이 승려로 출가한 것은 중요한 의미가 있는 것으로 생각된다. 6세기대 이후 고구려 불교는 발전하였다. 그리고 고구려 사회에서 정치적·경제적으로 상당한 변화가 진행되었다.[85] 따라서 이러한 변화 속에서 지방민이었던 보덕이 승려로 출가할 수 있었던 것으로 생각된다.

보덕은 출가 이후 평양에서 거주하였다. 보덕의 활동 중 가장 먼저 등장하는 것이 『涅槃經』講經이다. 그렇다면 보덕이 『涅槃經』을 강경한 시기는 언제쯤이었을까. 기존의 연구들에서는 보덕이 『涅槃經』講經을 통해 도교진흥책을 추구하던 淵蓋蘇文과 그와 관련된 귀족세력들을 비판하였던 것으로 생각되고 있다.[86] 즉 보장왕 즉위 이후 연개소문에 의해 본격적인 도교진흥책이 실시되어 불교를 억압하였던 모습을 보덕이 비판하였다는 것이다. 따라서 보덕이 보장왕 즉위 이후의 시기에 『涅槃經』을 講經하였던 것으로 보았다.

그런데 보덕이 『涅槃經』을 講經한 이후 활동을 살펴보면 조금 달리 생각해 볼 수 있을 것 같다. 보덕은 강경 후 평양 근처 大寶山으로 옮겨 靈塔寺를 창건하였다. 그 후 영탑사를 떠나 지방의 盤龍寺로 이주하여 여러 해를 주석하였다고 한다.[87] 그리고 보덕은 보장왕 9년(650) 고구려를 떠났다. 따라서 『涅槃經』講經시기와 관련된 기존의 견해에 따르자면 강경과 강경 이후의 활동들이 보장왕 즉위 이후부터 9년까지의 기간 동안 이루어졌다는 것이다. 그러나 채 10년도 안 되는 기간 동안 그 모든 활동이 이루어졌던 것으로 보기에는 시기적으로 매우 촉박한 느낌이 든다. 그러므로 보덕이 『涅槃經』을 강경한 것은 보장왕이 즉위하기 이전, 즉 영류왕대에 행해졌던 것으로 생각된다.[88]

---

85) 임기환, 『고구려 정치사 연구』, 한나래, 2004, pp. 262~271.
86) 노용필, 앞의 논문, 1989, pp. 120~130. 이후 보덕에 대한 대부분의 연구자들이 이 의견을 따르고 있다.
87) '盤龍山에 누워 몇 봄이나 지냈는가' (『東國李相國集』권10, 古律詩) 이 내용처럼 盤龍寺로 옮긴 후 상당한 시간을 보낸 것으로 생각되었다(김주성, 앞의 논문, 2003a, p. 15).

한편 보덕에게 강경을 요청한 山房老僧은 당시 중앙 불교계에서 활동하던 유명한 승려였던 것으로 생각되고 있다.[89] 즉 당시 教團 내에서 중요한 위치에 있었던 유명한 승려였던 것으로 생각되는데 그러한 승려가 보덕에게 강경을 요청한 이유는 무엇이었을까. 그 점은 다음의 내용을 통해 생각해 볼 수 있을 것 같다.

H-1. 高麗本記云 麗季武德貞觀間, 國人爭奉五斗米教. 唐高祖聞之, 遣道士送天尊像, 來講道德經, 王與國人聽之. 卽第二十七代榮留王卽位七年, 武德七年甲申也. 明年遣使往唐, 求學佛老, 唐帝許之(『三國遺事』권3, 興法3, 寶藏奉老普德移庵).
 -2. (榮留王)七年, 春二月, 王遣使如唐, 請班曆, 遣刑部尙書沈叔安, 策王爲上柱國遼東郡公高句麗國王, 命道士, 以天尊像及道法, 住爲之講老子, 王及國人聽之….
 -3. (榮留王)八年, 王遣人入唐, 求學佛老教法, 帝許之.(『三國史記』권20, 高句麗本紀8).

위 기록들은 영류왕대 唐으로부터 道敎가 전래된 내용에 관한 것이다. 고구려에서 五斗米教를 신봉하자 唐 高祖가 이를 듣고 영류왕 7년(624) 道

---

88) 이후 살펴보겠지만 강경 이후 보덕의 활동에 대한 검토를 통해 영류왕대『涅槃經』강경이 실시되었던 것으로 생각할 수 있다. 보덕은 강경 이후 大寶山으로 이주하여 靈塔寺를 창건하였다. 그런데 靈塔寺에는 팔면칠층탑이 존재하였는데 대규모의 석탑이었을 것으로 생각되고 있다(노용필, 앞의 논문, 1989, p. 130 주) 32 참조). 이러한 사실을 통해서도 영탑사가 창건된 시기가 보장왕대 이전이었던 것으로 생각된다. 왜냐하면 연개소문 집권 이후 불교에 대한 억압이 강화되어 사찰을 道館으로 바꾸고 도사를 지방으로 보내 진압케 하였다는 내용을 통해 보장왕 즉위 이후 보덕이 새롭게 사찰과 탑을 건립하는 활동을 펼치기는 어려웠을 것이기 때문이다. 따라서 보덕이『涅槃經』을 강경한 시기는 보장왕대 이전이었을 것으로 생각된다.
89) 普德에게 강경을 요청한 老僧은 당시 불교계를 대표하는 유명한 승려로서 講經과 같은 대승집회를 주관할 수 있었던 승려로 해석하였다(노용필, 앞의 논문, 1989, pp. 127, 주) 27).

士와 天尊像을 보내주었다. 그리고 道士가 『老子道德經』을 講하였을 때 王과 國人이 모두 이를 청강하였다. 이때 모인 인원이 王과 道俗 등 수천에 이르렀다는 기록[90])을 통해 당시 왕과 귀족들을 중심으로 도교에 대한 관심이 상당하였다는 것을 알 수 있다.

이러한 영류왕대 왕실 및 귀족들의 도교에 대한 관심은 당시 고구려의 대외정책과 관련하여 이해되고 있다. 영양왕대와는 달리 대당온건화평책이 추구되면서 영류왕 5년 포로교환을 시작으로 당과의 교류가 계속 진행되었다.[91]) 따라서 唐과의 교류를 통해 당시 唐 불교계의 동향이 고구려에 전해졌을 것으로 생각된다.

隋·唐代 중국 불교는 외래종교에서 벗어나 중국 독자적인 내용과 교리, 조직을 갖춘 중국화된 불교로 발전하였다.[92]) 그런데 唐 初期 불교계에는 隋代와 다른 변화가 나타났다. 唐 高祖는 道教가 唐의 건국에 공헌하였던 것으로 인식하였다. 따라서 唐室의 李姓을 老子와 연결시켜 노자를 唐室의 先祖로서 칭송하며 도교를 우대하였다. 이후 唐室은 도교를 불교보다 우위에 놓고 대하였다.

武德 4년(621) 道士 太史令 傅奕을 선두로 하여 도교세력들이 廢佛論을 주장하였다. 그리고 武德 8년(625) 高祖가 國學에 행차하여 釋尊의 예를 행하면서 도교와 유교를 불교보다 우위에 놓음으로 唐室이 도교를 우선하는 모습을 확인시켜 주었다.[93]) 이처럼 당 초기 唐室을 중심으로 道先後佛하는

---

90) 『舊唐書』권199, 列傳 高麗條.
91) 임기환, 앞의 책, 2004, p. 300.
92) 중국 불교사상 隋 초기부터 唐 玄宗代까지가 중국 불교의 건설시기로 파악되고 있다(結城令聞, 「初唐佛教の思想的矛盾と國家權力との交錯」, 『東洋文化研究紀要』 25, 1971, p. 2). 이 시기 天台, 華嚴, 禪, 淨土와 같은 종파들이 중국적 불교조직으로 성립되었는데, 중국 불교가 인도 불교적 성격에서 벗어나 독자적인 내용을 갖추었던 것으로 생각하였다. 이처럼 중국 불교사 연구자들은 隋·唐代를 중국 불교의 독자적 성장기로 파악하였다(아서 라이트, 『中國史와 佛教』, 신서원, 1994, p. 91).
93) 結城令聞, 앞의 논문, 1971, pp. 8~10.

모습이 나타났던 것이다.[94] 따라서 영류왕 8년 당에 佛·老의 教法을 구하러 갔을 때 이러한 唐 사상계의 모습을 구체적으로 확인하였을 것으로 생각된다.

그렇다면 영류왕이 도교에 관심을 가졌던 이유는 무엇이었을까. 그것은 영류왕대 정치적·사회적 상황을 통해 추정해 볼 수 있을 것 같다. 영류왕이 즉위한 이후 영양왕대와는 다른 새로운 정치적 상황이 전개되었던 것으로 생각되고 있다. 영류왕은 영양왕의 異母弟였다.[95] 태자가 아닌 이복 형제가 왕위에 즉위하였다는 사실은 영류왕의 즉위가 비정상적이었다는 점을 알려준다.[96] 그리고 영류왕은 왕위에 즉위하는 데 있어 영양왕의 또 다른 형제인 太陽王(보장왕의 父)과도 대결하였던 것으로 생각되고 있다.[97] 그러므로 영류왕은 즉위 이후 왕위유지에 커다란 관심을 가졌을 것으로 생각된다.[98]

---

94) 이것은 隋代의 상황과 비교해보면 매우 다른 모습이다. 隋代에도 佛教와 道教간의 논쟁은 치열하였다. 그러나 隋 文帝는 도교와 불교 어느 쪽에도 비중을 두지 않고 정치적인 안정과 정권을 강화하기 위해 道·佛의 보호자로 자처하였으며 오히려 불교를 도교보다 우선 순위로 언급하였다고 한다(장인성, 『백제의 종교와 사회』, 서경문화사, 2001, pp. 72~73).
95) 『三國史記』권20, 고구려본기 8, 영류왕 원년조.
96) 고국천왕 이후 형제간의 왕위계승의 경우 반드시 前王이 無嗣者였음을 밝혀주고 있다. 그리고 양원왕 이후 평원왕·영양왕의 왕위계승은 前王 長子에 의하여 순탄하게 이루어졌다. 더구나 영양왕은 재위기간이 29년간으로서 그 기간 동안 태자 책봉이 이루어졌을 것으로 생각된다. 그럼에도 불구하고 영양왕의 異母弟인 영류왕이 즉위하였던 것은 영류왕의 왕위계승이 비정상적이었음을 알려주는 것이라 하겠다(임기환, 앞의 책, 2004, p. 300 ; 田美姬, 「淵蓋蘇文의 執權과 그 政權의 性格」, 『李基白先生古稀紀念 韓國史學論叢』上, 1994, pp. 276~279).
97) 전미희, 앞의 논문, 1994, pp. 276~279.
98) 전미희, 앞의 논문, 1994, p. 279.
영류왕이 연개소문을 제거하기 위하여 귀족들과 결합하였던 것은 왕위를 유지하기 위함이었다고 한다. 영류왕과 함께 연개소문의 제거를 모의했던 귀족들은 귀족연립체제를 추구하였던 세력으로서 이들이 추구하는 바는 왕권강화에 정면으로 배치되는 것이었다. 그렇지만 영류왕은 왕권강화보다는 왕실의 안정, 즉 왕위 영류왕이 왕위 유지를 위하여 가장 먼저 견제했을 대상은 바로 前王이었던 영양왕과 관련된 세력들이었을 것이다. 평원왕·영류왕대 정국운영의 주도권을 장악하고 있었던 것은 평양계 귀족세력들로서 이들이 대외강경책을 유지하며 對新羅·對隋전쟁을 주도하였던 것으로 생각된다.[99] 그러나 영류왕은 즉위하자 차츰 이러한 세력들을 배제하고 새로운 세력들과 손을 잡고 정국을 운영해나갔던 것이다. 즉 前王代 평양계 귀족세력과 대립하고 있었던 국내계 귀족세력들이 영류왕의 즉위를 지원하였고 영류왕대 그 정치적 입지를 강화해나갔던 것이다. 영류왕대 보이는 對唐온건적인 대외정책의 변화는 정국주도세력의 변화를 잘 보여주는 것이라 하겠다.[100]

그런데 평양계 귀족세력들은 주로 불교와 밀접한 연관을 맺고 있었던 것으로 생각된다.[101] 따라서 영류왕은 당 초기 불교정책의 흐름을 따라 道敎에 대한 관심을 통해 佛敎敎團을 통제하고 불교와 관련된 세력들을 억압하여 자신의 정치적 입지를 강화시켜 나가려 했던 것으로 생각된다.

기존의 연구들에서는 이러한 영류왕대 도교에 대한 관심이 대당유화책에서 나온 다분히 國際的 儀禮 이상은 아니었던 것으로 파악되었다.[102] 즉

유지가 급선무였으므로 이들과 손을 잡을 수밖에 없었던 것으로 생각하였다.
99) 임기환, 앞의 책, 2004, pp. 299~301.
100) 임기환, 앞의 책, 2004, pp. 299~301.
101) 平原王代 義淵을 北齊에 보냈던 大丞相 王高德은 평양계 신진귀족세력의 대표적 인물이다(임기환, 앞의 책, 2004, pp. 272~277). 王高德과 같은 귀족세력들은 당시 불교교학 및 불교역사에 대한 깊은 관심을 보였고 義淵을 보내 직접 알아오게 하였다는 사실을 통해 이들 귀족들이 불교와 깊은 관련이 있다는 것을 알 수 있다(정선여, 앞의 논문, 2000, pp. 493~494). 그러나 평양계 귀족세력들은 그 구성원이 다양하였다(임기환, 앞의 책, 2004, pp. 269~281). 따라서 평양계 귀족세력들을 모두 불교세력으로 상정하는 것은 어려울 것으로 생각된다. 즉 자료가 부족하여 자세히 살펴보기 어렵지만 평양계 귀족세력 구성원들의 사상적 경향 및 국내계 귀족세력들의 사상적인 동향에 대한 보다 세밀한 고찰이 필요할 것으로 생각된다.
102) 이만열, 앞의 논문, 1971, pp. 29~30 ; 이내옥, 앞의 논문, 1983, p. 78.

고구려는 당과 우호관계를 유지하기 위하여 도교를 받아들였던 것으로 영류왕대 도교는 적극적으로 확대되지 못했던 것으로 생각하였던 것이다.[103] 그러나 H-1의 기록을 보면 영류왕대 당에서 도교가 전해지기 이전 이미 고구려에는 五斗米敎와 같은 도교를 신봉하는 도교세력들이 존재하였던 것으로 생각된다.

보장왕 즉위 이후 적극적으로 도교진흥책을 추진하였던 연개소문 가문의 경우 영류왕대 도교와 밀접한 관련을 맺고 있었던 대표적인 도교세력으로 이해되고 있다.[104] 즉 영양왕과 영류왕대에 걸쳐 莫離支의 임무를 맡고 있었던 연개소문의 父 太祚가 영류왕 7년 당으로부터 도교를 수용하는 데에 중요한 역할을 하였을 것으로 생각된다.[105]

연개소문 가문은 연개소문의 祖父 曾祖代부터 강력한 정치세력으로 존재하고 있었다. 그리고 영류왕대 이미 연개소문 가문과 같은 귀족들이 도교를 신봉하고 있었던 것으로 유추된다.[106] 그렇다면 영류왕대 고구려 사회에서 唐에서 나타났던 道敎세력과 佛敎세력의 대립, 道敎와 佛敎 간의 우위논쟁이 나타났을 가능성이 큰 것으로 생각된다.[107]

고구려 불교는 수용 이래 왕실 및 귀족세력들과 밀접한 연관을 맺으며 발전하였다. 그러나 왕실과 귀족들과 같은 지배세력들이 불교에 대한 인식을 달리 하거나 후원자로서 태도를 바꿀 때 불교의 사회적 위치와 영향력이

---

103) 따라서 도교를 통한 불교에 대한 본격적인 견제는 보장왕 2년 연개소문의 도교에 대한 건의 이후부터 나타났을 것으로 생각되었다(이만열, 앞의 논문, 1971, pp. 28~35).
104) 남무희, 앞의 논문, 2001, p. 116.
105) 이내옥, 앞의 논문, 1983, p. 81 주) 43 ; 남무희, 앞의 논문, 2001, p. 116.
106) 연개소문 가문도 평양계 신진귀족세력으로 이해되고 있다(임기환, 앞의 책, 2004, pp. 277~281). 따라서 앞서 살펴보았듯이 평양계 신진귀족세력들은 다양한 사상적 경향을 가지고 있었던 것으로 생각된다.
107) 이러한 道敎와 佛敎간의 우위논쟁이 이미 平原王代부터 나타났던 것으로 보는 의견도 있다(남무희, 앞의 논문, 2001, pp. 116~117).

급격히 바뀔 수 있다.108) 즉 영류왕대 왕실 및 귀족들이 도교에 상당한 관심을 보이고 이에 따라 도교세력이 강화되면서 佛敎敎團에 대한 통제가 강화되었을 것이다. 따라서 佛敎敎團은 이에 대한 대책을 마련하고자 『涅槃經』강경을 준비하였던 것으로 생각된다. 도교세력이 『老子道德經』을 강경하였던 것에 대응하여 불교교단에서도 역시 강경의 자리를 마련했던 것으로 생각된다. 講經은 일정한 기간 동안 많은 인원이 모인 집회에서 행해진다.109) 즉 講經을 통해 불교세력을 결집시켜 불교를 널리 알리고 도교를 견제하고자 했던 것이 아닌가 생각된다.

그런데 보덕은 강경을 요청하는 老僧의 요청을 굳이 사양하다가 마지못해 받아들였다. 보덕이 講經의 요청을 쉽사리 받아들이지 못했던 이유는 무엇이었을까. 그 점은 보덕의 신분과 관련하여 생각해 볼 수 있을 것 같다. 왜냐하면 지방민 출신 보덕이 중앙의 교단 내에서 활동하는 데에는 일정한 한계가 존재하였을 것으로 생각되기 때문이다. 신라의 경우 삼국시대 말에서 통일신라 전반기에 활동하였던 惠宿, 惠空, 大安, 元曉 등과 같은 승려들이 중앙의 교단 내에서 활동하지 않고 민중들을 대상으로 교화활동을 펼쳤는데 이들의 신분은 대체로 육두품 이하였던 사실을 통해 추정해 볼 수 있다.110) 따라서 보덕도 출가 이후 중앙의 敎團 내에서 활동하는 데에 한계가

---

108) 전호태, 앞의 책, 2000, p. 352.
109) 일반적으로 講經은 불교를 일반 민에게 널리 알리는 좋은 방편으로 僧俗을 대상으로 행하였다(김문경, 『唐代의 社會와 宗敎』, 숭실대출판부, 1984, pp. 175~183). 강경의 기간에 대해서는 다른 승려들의 예를 통해 유추해 볼 수 있지 않을까 한다. 대표적으로 의상은 화엄경을 강론하는 데에 무리 3000여명을 이끌고 90일간 행하였다고 한다(김두진, 『신라화엄사상사연구』, 서울대출판부, 2002, p. 161). 보다 자세한 강경의식의 모습은 적산법화원에서 확인해볼 수 있다. 『入唐求法巡禮行記』에는 적산법화원에서 행해지던 강경의식, 일일강의식, 통경의식 등에 대한 자세한 모습이 기록되었다. 법화원에서 행해지던 강경의식 중 하나는 약 2개월 동안 지속되었던 것으로 기록되어있다(김문경, 앞의 책, 1984, pp. 175~177).
110) 權悳永, 「三國時代 新羅 求法僧의 활동과 역할」, 『청계사학』 4, 1987, pp. 20~22.

존재하였던 것으로 생각된다.

한편 보덕은 당시 교단 내부 상황에 대해서 비판적인 견해를 가지고 있었던 것이 아닌가 생각된다. 영류왕대 도교세력이 점차 확대되면서 불교교단에 대한 통제가 보다 강화되고 불교의 사회적 위치와 영향력이 약화되자 교단 내부적으로도 변화와 혼란이 나타났을 것으로 생각된다. 그러한 모습은 영류왕대 唐에 구법하였던 승려들이 귀국하지 않았던 사실을 통해 유추해볼 수 있다.

隋에 求法하여 吉藏 문하에서 三論을 수업했던 慧灌은 영류왕 8년(625) 일본으로 건너갔다.[111] 道登은 推古末年(628) 역시 吉藏에게 三論을 수학한 이후 舒明初(629) 일본으로 건너갔다.[112] 이처럼 영류왕대 고구려 승려들이 귀국하지 않았던 것은 당시 불교계의 변화와 밀접한 관련이 있는 것으로 생각된다.

그렇지만 보덕은 당시 敎團내부의 문제점과 불교계에 나타난 위기상황을 해결하고자 결국 교단의 요청을 수락하여 『涅槃經』을 講經하였던 것으로 생각된다. 보덕이 특별히 『涅槃經』을 강경한 이유는 무엇이었을까.[113] 『涅槃經』의 중심사상은 '常住佛身', '一切衆生 悉有佛性', '一闡提의 成佛'으로 佛性의 평등을 강조하였다. 또한 『涅槃經』에서는 佛性의 구현을 위해 持戒를 강조하며 正法의 護持와 올바른 계율관을 강조하였다.[114]

---

111) 『本朝高僧傳』권1
112) 『本朝高僧傳』권72
113) 普德이 강경한 『涅槃經』 40권은 421년 曇無懺이 번역한 『涅槃經』 40권(北本)으로 생각된다. 중국에서 『涅槃經』은 담무참에 의해 역출된 40권(北本)과 道生이 남쪽 지방에 전해지고 있던 6권본과 장과 절이 다른 북본의 개정에 착수해 완성한 36권(南本)이 있었다. 중국에서 『涅槃經』이 번역된 이후 이에 대한 연구가 진행되었다. 『涅槃經』연구의 대표적인 인물로 道生을 들 수 있다. 도생은 佛性當有論을 주장하였는데 일천제의 成佛가능성을 이야기하였다. 도생 이후 도생의 제자들을 중심으로 『涅槃經』은 최고의 경전으로 평가되면서 남북조에서 널리 강독되었다(呂澂, 『중국불교학강의』, 민족사, 1992, pp. 180~191).
114) 최봉수, 『해제』, 『大般涅槃經』(40권본)1, 東國譯經院, 1998.

南北朝시대에 성행한 중국의 涅槃學은 두 가지 흐름으로 구분된다고 한다. 먼저 護法의 차원에서 大乘律를 강조하는 북중국의 涅槃學과 涅槃 및 佛性의 연구에 치중한 남중국의 涅槃學이다.115) 이러한 중국의 열반학 흐름 가운데 보덕이 구체적으로 어떤 계통의 열반학과 연결되었는지 정확히 알 수 없다.116) 그런데 북중국의 涅槃學에서 大乘律을 강조하였던 점이 주목된다. 大乘律은 王者와 승려들에 대해 佛法을 적극적으로 보호할 것을 권장하는 하나의 규범이었다.117) 따라서 보덕은 영류왕대 당시 왕실 및 귀족들을 중심으로 도교에 대한 관심이 증대되면서 도교세력이 확대되자『涅槃經』강경을 통해 왕실의 護法을 강조하였고, 계율을 통해 분열되고 혼란스러웠던 교단을 정비하려고 했던 것이 아닌가 생각된다.

정병삼, 앞의 논문, 2003, pp. 51~52. 특히 백제의 열반학에서 佛性論과 함께 教判과 戒律에 대한 관심이 나타났던 것으로 생각되고 있다.
115) 南東信,『元曉의 大衆教化와 思想體系』, 서울대학교박사학위논문, 1995, p. 36.
116) 普德에게 수학하였다는 원효의 열반학을 통해 추정해 볼 수 있을 것 같다. 원효는『涅槃宗要』,『涅槃經疏』,『維摩經宗要』,『維摩經疏』등을 저술하였다. 원효는 밀교를 제외한 모든 대승경전들에 대한 주석서를 남겼으므로『涅槃經』과『維摩經』에 대한 주석서를 남겼다는 사실 하나로 보덕의 사상과 직접적인 관련성을 강조하기는 어려울 것으로 생각된다. 그런데 현존하는『열반경종요』의 내용을 보면 원효는 涅槃과 佛性에 집중적인 관심을 표명하고 있다. 더구나 원효의 무애행은 열반경의 금지사항에 저촉된다고 하였다. 따라서 원효의 열반학은 당시 북중국의 열반학과 연결되는 慈藏과는 다른 모습을 보여주는 것이라 하였다. 따라서 원효의 열반학은 보덕에게서 영향을 받은 것이라 생각하였다(남동신, 앞의 논문, 1995, pp. 115~116).
117) 남동신, 앞의 논문, 1995, p. 36.

4. 淵蓋蘇文의 佛敎 억압

보덕은 영류왕대 도교가 전래된 이후 나타났던 불교계의 변화에 대응하고자 교단에서 마련한 講經을 행하였던 것으로 생각된다. 그런데 講經 이후 보덕에게 변화가 나타난다.

I. … 罷席, 至城西大寶山嵒穴下禪觀, 有神人來請. 宜住此地 乃置錫杖於前. 指其地曰. 此下有八面七級石塔. 掘之果然. 因立精舍. 曰靈塔寺. 以居之(『三國遺事』권4, 塔像4, 高麗靈塔寺).

위의 내용에 따르면 보덕은 강경을 마친 후 평양 근처의 大寶山의 巖穴에 들어가 禪觀수행을 하였다. 즉 보덕은 중앙 敎團이 자리를 마련하였고 사회적으로도 관심이 집중되었을 『涅槃經』 講經을 마치자 평양을 떠났던 것이다. 그렇다면 보덕이 평양을 떠났던 이유는 무엇이었을까. 정확히 알 수 없지만 보덕이 강경 이후 거주했던 大寶山에 대한 고찰을 통해 유추해 볼 수 있을 것 같다. 大寶山은 末法當來의 의식과 佛法久住의 정신이 충만한 산으로 인식되고 있다.[118] 이를 통해 당시 고구려 사회에 末法思想이 나타나고 있었던 것이 아닌가 생각된다.

正法, 像法, 末法의 3時說은 불교의 歷史意識이다. 正法시대는 부처의 가르침에 따라 수행함으로 깨달음을 얻는 시기, 像法시대는 깨닫는 이는 없으나 가르침과 수행이 남은 시대, 末法시대는 가르침만 있고 수행이나 깨달음이 없는 시기이며 말법시대가 끝나면 가르침까지 없어지는 法滅의 시기가 오는 것으로 보았다. 이러한 3時思想, 末法思想이 시대관이나 위기의식으로 체계적 조직을 갖춘 것은 중국 불교에서였다.[119]

---

118) 노용필, 앞의 논문, 1989, p. 128.
119) 김영미, 앞의 책, 1994, pp. 229~231.

중국에서 末法思想은 남북조시대부터 隋에 이르는 기간 동안으로 성립되었던 것으로 특히 北周 무제의 폐불(574)이 큰 영향을 미쳤다. 일반적으로 正法 5백년, 像法 1천년, 末法 1만년설이 언급되고 있다.[120] 그런데 고구려에서는 이미 불교 역사에 대한 이해가 이루어지고 있었다. 平原王代 義淵이 北齊의 法上에게 佛紀에 대해 문의한 사실을 통해 고구려에서 佛紀가 사용되었다는 것을 알 수 있다. 또한 이때 중국 및 남북조의 불교 역사에 대해 알고자 했던 모습을 통해 고구려에서 불교 역사에 대한 관심이 나타났던 것으로 생각된다.

법상은 의연과 만났던 576년 당시를 佛紀 1465년이라고 하였다.[121] 그렇다면 보덕이 활동하던 시기는 佛紀 1500년 이후로서 末法시대에 포함된다. 그런데 중국이나 인도에서 末法思想이 성립 유행하였던 것은 廢佛과 같은 외부적 요인보다 敎團의 부패, 타락 등 불교계 내부 요인에서 그 이유를 찾을 수 있다고 한다. 즉 불교교단의 타락에 대한 반성과 脫却을 의도하기 위해 末法思想이 출현하였다는 것이다.[122] 고구려 사회에서 末法思想이 나타나고 있었다면 도교의 전래로 인한 불교통세의 상세와 함께 불교교단 내부의 혼란스런 상황에 대한 비판적 시각에서 비롯되었을 것으로 생각된다.

보덕은 영류왕대 당시를 末法시대로 인식하였던 것이다. 따라서 講經의 자리에서 도교에 관심을 보이던 왕실 및 귀족세력들과 이에 제대로 대응하지 못하고 혼란스런 모습을 보이던 불교교단에 대해 비판하며 반성을 촉구하였던 것으로 생각된다. 그러나 講經 이후 보덕이 비판했던 교단 내의 불교세력들과 왕실 및 도교세력들이 보덕에 대한 견제를 강화했을 것이고

---

120) 鎌田茂雄, 『中國佛敎史』, 경서원, 1985, pp. 149~151 ; 『海東高僧傳』권1, 釋義淵
121) 따라서 말법사상 및 법멸에 대한 인식이 사회에 나타나는 것은 승려들의 불교교단 내부에 대한 인식과 불교계와 밀접한 관련이 있는 사회의 모습을 알아볼 수 있는 하나의 통로가 될 수 있다고 하였다(김영미, 앞의 책, 1994, p. 231 주)9).
122) 李基白, 「圓光과 그의 思想」, 『新羅思想史硏究』, 일조각, 1986, pp. 100~103.

결국 보덕은 평양을 떠나게 되었던 것이다.

그러나 보덕이 온전히 타의에 의해서 대보산으로 옮겼던 것은 아니었을 것으로 생각된다. 왜냐하면 위 내용에서 등장하는 나오는 神人의 존재가 주목되기 때문이다. 神人은 보덕에게 대보산에서 거할 것을 청하고 석탑의 존재를 알려주었다. 이때 보덕에게 나타났던 神人은 대보산으로 옮기고자 했던 보덕 자신의 의지를 표현한 것이 아닐까 생각된다. 圓光의 경우를 통해 유추해 볼 수 있는데, 원광은 三岐山에서 받은 신의 권고로 西學을 결심하게 된다. 이때 神의 권유는 원광이 서학을 가고자 하는 의지, 즉 자신의 마음의 소리로 이해되고 있다.[123] 또한 神人의 존재는 보덕을 도와 탑을 건립하는 데 도움을 주었던 후원세력들로 생각해 볼 수 있다.[124]

『涅槃經』 강경을 계기로 승려들과 재가신도들을 중심으로 보덕을 따르는 일정한 세력이 형성되었을 것으로 생각된다. 그런데 교단과 갈등하며 정치세력의 주목을 받고 있던 보덕이 평양에서 계속 활동을 펼치기는 어려웠을 것이다. 따라서 보덕과 그를 따르는 세력들은 평양을 떠나 보다 자유로운 활동을 펼치고자 하였을 것이고, 神人의 존재를 통해 그 정당성을 얻게 된 것이 아닌가 생각된다.

그렇다면 보덕을 따르고 후원하던 세력들은 어떤 존재들이었을까. 먼저 보덕의 문하에 모여들었던 승려들을 생각해 볼 수 있다.[125] 그리고 재가신도들의 경우는 보덕이 비판했던 왕실 및 귀족세력들과 반대 입장에 있었던 세력들이 아니었을까 생각된다.

---

123) 李基白, 「圓光과 그의 思想」, 『新羅思想史硏究』, 일조각, 1986, pp. 100~103.
124) 한편 神人을 보덕의 주변에서 그를 도와주던 인물 내지 집단으로 생각하였다(노용필, 앞의 논문, 1989, p. 129).
125) 보덕의 제자로는 11명이 언급되고 있다. 그 중 명덕은 백제유민으로서 가장 늦게 보덕의 제자가 되었고, 다른 10명의 제자들은 영탑사 창건 당시부터 활동하였을 것으로 생각되고 있다(노용필, 앞의 논문, 1989, pp. 130~131). 보덕을 따르던 많은 승려들이 있었을 것인데 그 가운데 특별히 제자로서 언급되는 이들 승려들은 보덕과 중요한 활동을 같이 하며 그 사상적인 완성을 이루어나가는 데에 중요한 역할을 하였을 것으로 생각된다.

이처럼 보덕은 『涅槃經』 講經 이후 대보산에서 팔면칠층석탑을 조성하고 靈塔寺를 창건하는 등 활발한 활동을 펼쳤던 것으로 생각된다. 그런데 보덕에게 다시 한 번 변화가 나타났는데 盤龍寺로 이주하였던 것이다. 盤龍寺는 보덕이 보장왕 9년(650) 고구려를 떠나기 전까지 주석하였던 장소로서[126] 靈塔寺보다 평양에서 더 멀리 떨어진 지역에 위치한, 즉 지방의 사원으로 생각된다.[127] 그렇다면 보덕이 반룡사로 옮긴 이유는 무엇이었을까. 그 원인은 보장왕 즉위 이후 점점 강화되던 불교에 대한 억압에서 찾을 수 있을 것 같다.

J-1. 高麗本記云 … 及寶藏王卽位(貞觀十六年壬寅也), 亦欲幷興三敎, 時寵相蓋蘇文說王以儒釋竝, 並熾而黃冠未盛, 特使於唐求道敎 時普德和尙住盤龍寺, 憫左道匹正, 國祚危矣, 屢諫不聽, 乃以神力飛方丈, 南移于完山州孤大山而居焉 …
-2. 盖金奏曰, 鼎有三足, 國有三敎, 臣見國中, 唯有儒釋無道敎, 故國危

---

[126] 盤龍寺에 대한 명칭은 각 문헌마다 다르게 나타난다. 『三國史記』에서는 盤龍寺로, 『東國李相國集』에서는 盤龍山 延福寺로, 『大覺國師文集』에서는 반룡사(文集 17)와 반룡사 연복사(文集 19)가 함께 나오고 있다. 盤龍寺와 盤龍山 延福寺는 같은 사찰로 생각되는데 이처럼 그 명칭이 다르게 언급되는 것은 이유가 있을 것으로 생각된다. 한편 김부식은 『三國史記』에서 完山孤大山이라 하여 일연이 完山州孤大山이라고 한 것에 비해 철저하게 사료를 검토 인용하였던 것으로 생각되고 있다(김주성, 앞의 논문, 2003b, p. 25). 그리고 보덕의 이주시기를 명확히 밝히고 있다는 점에서 김부식이 盤龍寺로 명칭한 것이 보다 정확할 것으로 생각된다. 따라서 본 논문에서는 반룡사로 명칭하였다. 한편 노용필은 의천과 이규보의 기록이 보다 더 생생한 사실을 전해주는 것이라 하여 반룡산 연복사로 보았다(노용필, 앞의 논문, 1989, p. 132 주 36).

[127] 盤龍寺는 평남 용강군에 위치하고 있다고 하였다(정신문화연구원 편, 『譯註 三國遺事』, 2003, p. 87). 한편 盤龍山 延福寺는 함경도 덕원 또는 평안도 상원에 위치하였던 것으로 보았다(노용필, 앞의 논문, 1989, p. 132). 반룡사로 보는가, 반룡산 연복사로 보는가에 따라 그 위치에 대한 논란이 있을 것으로 생각된다. 그러나 반룡사가 영탑사보다 평양에서 멀리 떨어진 지역에 위치한 사찰이었다는 사실은 정확히 알 수 있다.

矣. 王然之, 奏唐請之,大(太)宗遣叙(敍)達等道士八人… 王喜, 以佛寺爲
道舘(館). 尊道士坐儒士之上. 道士等行鎭國內有名山川… (『三國遺事』
권3, 興法3, 寶藏奉老普德移庵).

보장왕 즉위 이후 연개소문은 도교를 장려하고자 했다. 이미 영류왕대 唐으로부터 도교를 전래받았음에도 다시 당에 도교를 청하였다는 사실을 통해 알 수 있다. 이에 당 太宗은 도사 8명을 보내주었다.[128] 이제 보장왕 2년 이후 佛寺는 道館으로 변화하였고 道士들이 전국의 이름난 산천을 돌아다니며 진압하였다.[129] 이처럼 보장왕 즉위 이후 불교에 대한 억압이 더욱 강화되면서 보덕이 주석하던 평양 근처의 영탑사도 道館으로 변화되었던 것이 아닌가 생각된다. 따라서 보덕은 영탑사를 떠나 평양에서 보다 멀리 떨어진 반룡사로 이주하였던 것으로 생각된다.[130]

보덕은 반룡사로 이주한 이후 연개소문의 불교 억압에 적극적으로 대항하였다. 左道가 正道에 맞서면 국운이 위태로워 질것을 걱정하여 보장왕에게 건의하였다는 내용을 통해 알 수 있다. 그러나 이러한 普德의 건의는 받아들여지지 않았다. 오히려 보덕에게 가해졌을 압박은 더욱 가중되었을 것이다.[131]

보덕은 연개소문에 대항하던 대표적 불교세력이었다. 연개소문이 도교를 장려하고 불교를 억압하였을 때 모든 불교세력들이 연개소문에게 대항하였던 것은 아니었다. 연개소문 세력과 연결되어 활동했던 것으로 생각되

---

128) 『三國史記』에서는 보장왕 2년조에 기록되어 있다(권21, 고구려본기9, 寶藏王 上).
129) 이러한 모습에서 도교를 매개로 하여 각 지방의 반대세력을 통제하려는 연개소문의 의도를 살펴볼 수 있다(임기환, 앞의 책, 2004, p. 305)
130) 임기환도 보덕이 반룡사로 이주한 시기를 연개소문이 도교진흥책이 본격화되던 보장왕 2년을 즈음한 때였을 것으로 보았다(임기환, 앞의 책, 2004, p. 306).
131) '묵묵히 안석에 기대이 정신을 잃은 듯, 다만 십일 문인과만 친했었네'(『東國李相國集』권10, 古律詩). 반룡사에 주석한 이후 보덕의 모습에 대한 기록을 통해 추정해 볼 수 있다.

는 승려들의 존재를 통해 알 수 있다. 보장왕대 초반 신라에서 활동하던 승려 德昌[132]과 고구려 멸망기 男建이 군사를 맡겼던 승려 信誠[133] 등은 연개소문 세력과 연결되었던 불교세력이었을 것이다. 따라서 연개소문이 가장 견제하고자 했던 것은 보덕과 같은 불교계 세력들이었을 것이다. 즉 연개소문은 자신과 반대 입장에 있었던 불교세력을 적극적으로 제약하였던 것이다.[134] 왜냐하면 보덕은 연개소문과 반대 입장에 있었던 귀족세력과 연결되고 있었을 것이기 때문이다.

보덕이 보장왕 9년 고구려를 떠난 것은 연개소문에 대항하던 대표적 불교세력이 사라진 것을 의미한다.[135] 따라서 보덕과 연결되었던 귀족세력들 역시 약화되었을 것으로 생각된다. 보덕이 고구려를 떠난 이후 정치적·사

---

132) 『三國史記』권41, 列傳1 金庾信 上
133) 『三國史記』권22, 고구려본기10, 寶臧王 27년조
134) 김주성, 앞의 논문, 2003b, p. 14. 이러한 모습은 唐 太宗대의 불교정책을 통해서도 살펴볼 수 있다. 당은 창업 이래 도교를 불교보다 우위에 두고 있었지만 한편으로는 崇佛事業을 벌였다. 특히 당 태종은 玄奘과 밀접한 관련을 맺고 있었다. 이처럼 모순적으로 보이는 初唐시기 불교에 대한 唐室의 입장은 정치적 고려에서 기인된 것으로 생각되고 있다. 당에는 불교와 깊은 관련을 맺고 있던 北魏 이래 北齊, 北周, 隋의 세력들이 존재하고 있었다. 이러한 세력들은 隋 이후 初唐까지 형성된 중국적 불교와 깊은 관련을 맺고 있었다. 그런데 현장이 서역에서 돌아온 후 唐室은 현장의 불교를 인도적 불교, 즉 기존의 불교와는 다른 새로운 불교로 인식하였던 것이다. 따라서 唐室은 기존 불교와는 다른 새로운 불교경향을 보이던 현장을 우대하고 배려함으로 기존 불교계와 그와 관련되었던 세력들을 제약하였다(結城令聞, 앞의 논문, 1971, pp. 26~28).
135) 당 초기 이래 도교에서 폐불론을 주장하였다. 따라서 이 시기 唐 불교계는 폐불의 움직임을 감지하고 있었다고 한다. 이미 北周 폐불의 고난을 경험하였던 기존 불교세력들은 당 초기 이러한 움직임에 대비하여 지방으로 안주할 장소를 찾아 분산되었다는 것이다. 이러한 사실은 隋대 가장 번성하였던 천태종이 외형적으로 약화된 반면 현장의 불교는 번성하였던 것을 통해 알 수 있다고 하였다(結城令聞, 앞의 논문, 1971, pp. 26~28) 따라서 보덕이 고구려를 떠난 것도 보장왕대 이후 고구려에서 도교가 적극 장려되며 나타났을 폐불적 움직임에 대한 대비책으로 생각해볼 수 있을 것 같다.

회적으로 커다란 변화가 나타났다. 보덕이 떠난 바로 다음 해에 男生이 中裏大兄에 취임하면서 연개소문 가문의 私的 권력기반이 강화되었던 것이다.136) 남생이 취임했던 중리대형은 제 7관등에 해당하지만 '국정을 맡아 모든 辭令을 주관하였다' 고 한다.137) 이러한 모습은 位頭大兄 이상의 최고 관위만이 국정 운영의 핵심적 기능을 하는 이전의 정치운영형태와 많은 차이가 나타나는 것으로 그 자체가 연개소문 가문의 사적 권력기반이 강화되었던 사실을 알려주는 것이다.

즉 보덕이 보장왕 9년 고구려를 떠나자 연개소문의 집권기반은 더욱 강화되었던 것이다. 이후 정치적·사회적 변화가 가속화되었는데 보장왕 13년 고구려의 멸망을 예언한 馬嶺神人이 출현한 것은 이러한 변화의 모습을 잘 알려주는 것으로 생각된다.138)

5. 普德의 百濟 이주

보장왕 9년 고구려를 떠난 보덕이 향했던 곳은 백제였던 것으로 생각된다.

K-1. … 忽謂弟子曰, 句麗唯尊道教, 不崇佛法, 此國必不久矣, 安身避難, 有何處所, 弟子明德曰, 全州高達山, 是安住不動之地. 乾封二年丁卯三月

---

136) 泉男生墓誌에 따르면 남생이 중리대형으로 취임한 것은 보장왕 10년이었다(임기환, 앞의 책, 2004, pp. 306~307).
137) 『唐書』권110, 泉男生傳
138) '馬嶺 위에서 神人이 나타나 '너희 君臣이 奢侈하고 無度하니 곧 패망하리라' 고 말하였다'(『三國史記』권22, 고구려본기10, 보장왕 13년조)
임기환, 앞의 책, 2004, p. 307.

三日, 弟子開戶出見, 則堂已移於高達山, 距盤龍一千餘里也. 明德曰, 此山雖奇絶, 泉水枯涸, 我若知師移來, 必幷移舊山之泉矣…(『東國李相國集』권23, 南行月日記).

-2. … 初居高句麗盤龍山延福寺, 嗒然隱几如喪耦, 唯與十一門人親. 初有十弟子. 後得明德爲十一 …弟子曰, 新羅完山有高達山, 安住不動之處, 普德聽之勤修, 過夜至曉開戶出見, 堂卽移在高達山(『東國李相國集』권10, 古律詩).

위의 내용에서 보덕이 고구려를 떠나 향했던 곳이 完山 孤大山(高達山)이었던 것으로 되어 있다. 처음부터 보덕이 이 지역을 목표로 하여 고구려를 떠났는지 정확히 알 수 없다. 그러나 보덕이 백제로 향했을 것이라는 점은 충분히 알 수 있다.[139] 보덕은 고구려를 떠나기 전부터 일정한 기간 동안 이주를 준비하였을 것으로 생각된다. 그 제자들에게 이주처를 묻고 대비하는 모습을 통해 알 수 있다. 그리고 보덕은 이주의 목적지를 백제로 선택하였다.

7세기대 들어 三國의 외교관계는 점차 변화하였다. 고구려와 백제의 외교관계가 우호적으로 변화되면서 신라는 한반도내에서 고립되었다. 隋·唐의 등장 이후 변화되던 국제정세의 영향으로 백제와 고구려는 7세기 중엽 이후 우호적인 관계로 발전하였던 것이다.[140] 따라서 보덕은 신라보다 백제로 이주하기가 보다 용이하였을 것이다.

뿐만 아니라 7세기대 이후 고구려와 백제, 양 국 간의 불교교류가 이루어졌던 것으로 생각된다. 영양왕대 활동했던 고구려 승려 혜자를 통해 살펴 볼 수 있을 것 같다. 혜자는 일본으로 건너간 후 법흥사에서 백제의 혜총과 함께 주석하며 활동하였다. 推古朝 당시 많은 고구려 승려들이 일본으

---

139) 『大覺國師文集』에 百濟孤太山으로 나와 있는 점을 확인할 수 있다(김주성, 앞의 논문, 2003a, p. 16, 주) 25).

140) 『三國史記』권28, 백제본기6, 의자왕 11년조(노중국, 『百濟의 歷史와 文化』, 학연문화사, 1996, p. 177).

로 건너갔는데 백제 승려들 역시 일본에서 함께 활동하였다. 따라서 일본에서 고구려와 백제 승려들 간의 교류가 이루어졌을 것이고 이를 통해 양국 불교에 대한 일정한 이해가 이루어졌을 것으로 생각된다.

일본으로 갔던 다른 승려들의 귀국여부는 정확히 알 수 없지만 혜자는 영양왕 26년(615) 귀국하였다. 따라서 혜자처럼 고구려에 귀국한 승려들이 백제 불교에 대해 소개하였을 것이고 보덕도 이러한 정보를 통해 백제 불교계의 상황에 대해 잘 알고 있었을 것으로 생각된다. 특히 보덕은 백제 불교에서 사상적인 연관성을 발견했던 것으로 생각된다. 백제에서는 聖王代 이전부터 『涅槃經』에 대한 관심과 연구가 이루어졌다.[141) 聖王 19년(541) 梁에 『涅槃經』義疏를 요청하였다는 사실[142)을 통해 백제에서는 聖王代 이후 涅槃思想에 대한 연구가 지속되었을 것으로 생각된다.[143)

한편 보덕은 당시 신라 불교계의 상황에 대해서도 잘 알고 있었을 것이다. 義相과 元曉가 보덕에게 수학하였다는 사실을 통해 그는 당시 신라 불교계의 상황에 대한 충분한 정보를 가지고 있었을 것으로 생각된다. 그런데 원효가 보덕에게 가서 수학하였을 때는 신라 불교계와 사상적 경향의 차이와 신분적 한계로 말미암아 배척당하던 시기였다.[144) 따라서 보덕은 고구려 출신으로 지방민 출신이라는 자신의 신분적 한계를 신라에서 극복하기 어려울 것이라는 점을 잘 알고 있었을 것이다. 결국 보덕은 이러한 이유들로 인해 백제로 이주하였던 것이다.

---

141) 김영태, 「百濟의 佛敎思想」, 『百濟佛敎思想硏究』, 동국대학교 출판부, 1985, p. 28.
142) 『三國史記』권26, 백제본기4, 聖王 19년조
143) 정병삼, 앞의 논문, 2003, p. 50~52.
144) 전미희, 「元曉의 身分과 그의 活動」, 『한국사연구』 63, 1988, pp. 79~83. 이 논문에서 보덕에게 원효가 수학한 시기에 대하여 구체적으로 百座仁王經大會의 참가가 좌절된 선덕왕 5년(635)년경부터 보덕이 고구려를 떠나는 보장왕 9년(650년) 사이에 해당되는 어느 시기일 것으로 생각하였다. 한편 보덕이 650년 고구려를 떠나기 직전 원효와 만났을 것으로 생각되기도 한다(남동신, 『원효』, 새누리, 1999, p. 115).

보덕이 백제지역 내에서도 완산 고대산에 정착하는 데에는 제자 明德의 역할이 결정적이었다. 보덕에게는 11명의 제자들이 있었는데 대부분은 보덕이 영탑사에 주석하던 때부터 같이 활동하였을 것으로 생각된다. 그런데 그 제자들 중 가장 늦게 보덕의 제자가 된 명덕이 주목된다. 명덕에 대해서는 자세히 알 수 없지만 보덕이 이주처를 선택하는 데 중요한 역할을 하고 있다. 완산 지역의 사정을 잘 알고 있었던 것으로 백제주민이 아니었을까 생각된다.145) 그러나 보덕이 단지 명덕의 의견만을 쫓아 완산 고대산에 이주처를 결정했던 것은 아니었을 것이다.

完山 지역은 武王代 이후 백제에서 王都급의 위상을 갖고 있던 정치적 중심지 중 하나였다.146) 또한 彌勒寺 창건 이후 이 지역에는 미륵신앙을 중심으로 불교문화가 활발하게 전개되고 있었다. 따라서 연개소문과 대립하여 고구려를 떠났던 보덕에게 이 지역은 백제 중앙의 정치세력과 적당한 거리를 두고 자신의 사상을 펼치기에 적합한 장소였을 것으로 생각된다.147)

---

145) 명덕이 이 지역에 사정을 잘 알고 있었다는 점을 들어 그가 그 지역 출신일 것으로 보았고 백제유민으로 추정하였다(노용필, 앞의 논문, 1989, pp. 133~135). 그러나 보덕이 백제멸망 이전 백제로 이주하여 활동하였던 것으로 생각되므로 명덕을 꼭 백제유민으로 생각할 필요는 없을 것 같다.
146) 임기환, 앞의 책, 2004, p. 340.
147) 한편 보덕이 완산에 정착하였던 것은 백제 의자왕의 의지였을 것으로 생각되고 있다. 당시 고구려와 백제의 우호적인 협력관계가 진행되던 상황에서 연개소문에 반대하여 백제로 내려온 보덕을 의자왕이 대우해주지는 못했을 것으로 적당히 중앙 권력과 떨어져 있으면서 통제가 가능했던 완산지역으로 보덕을 보냈던 것으로 생각하였다(김주성, 앞의 논문, 2003a, p. 21). 즉 보덕이 완산 지역에 주석하는 데에 백제 중앙 정치세력의 영향과 통제가 존재했던 것으로 생각하였던 것이다. 그러나 보덕이 650년 고구려를 떠나 백제로 와서 곧바로 완산 지역에 정착하였는지는 정확히 알 수 없다. 연개소문에 대항하여 고구려를 떠난 보덕은 백제에서도 당시 중앙 정치세력과 거리를 두었을 것으로 생각된다. 따라서 보덕은 백제로 건너온 후 일정 기간 동안 여러 곳을 전전하며 사정을 살피다가 마지막으로 완산 지역에 정착하였던 것이 아닌가 생각된다. 즉 보덕이 완산 지역에 주석하게 된 시기는 백제가 멸망한 이후가 될 수도 있는 것이다. 따라서 보덕이 완산 지역에 정착하는 데에는 백제 중앙 정치세력의 영향력보다는 그 자신의 결정과

더구나 지역사정을 잘 알고 있었던 명덕과 같은 제자도 있었으므로 완산지역을 마지막 정착지로 결정하기는 더욱 용이하였을 것이다.

그러나 완산 고대산에 정착한 이후 景福寺를 완성하기까지 상당한 기간이 필요하였던 것으로 생각된다. 고구려를 떠난 이후 백제, 고구려가 멸망하고 신라와 당 사이의 전쟁이 계속 되던 상황 속에서 별다른 후원세력 없이 사찰을 새롭게 창건하기는 상당히 어려웠을 것이기 때문이다.

L. … 師有高弟十一人, 無上和尙與弟子金趣等創金洞寺, 寂滅義融二師創珍丘寺, 智藪創大乘寺, 一乘與心正大原等創大原寺, 水淨創維摩寺, 四大與契育等創中臺寺, 開原和尙創開原寺, 明德創燕口寺. 開心與普明亦有傳, 皆如本傳(『三國遺事』권3, 興法3, 寶藏奉老普德移庵).

경복사를 창건한 이후 보덕은 제자들을 중심으로 자신의 사상을 계승시켜 나갔다. 제자들이 창건한 大原寺, 珍丘寺 등과 같은 사찰들이 대체로 전라도 지역 내에 건립되었다는 점을 통해 이 지역을 중심으로 보덕과 그 제자들이 활동하였을 것으로 생각된다.[148] 그리고 보덕뿐만 아니라 開心과 普明과 같은 제자들에 관한 전기가 기록되었다는 점을 통해 통일신라 불교계에서도 그 제자들의 활동이 상당히 활발히 진행되었던 것으로 추측된다.

이처럼 보덕과 그 제자들의 활동으로 인해 완산 고대산을 중심으로 하는 이 지역에는 高句麗 佛敎의 思想的 遺風이 형성되었을 것이다. 따라서 고구려 멸망 후 이 지역에 遺民들이 자연스레 모여들었을 것으로 670년에 신라가 金馬渚에 報德國을 설치한 이유와 밀접한 관련이 있을 것으로 추측해 볼 수 있다.[149]

명덕과 같은 제자의 조언이 더 큰 역할을 했을 것으로 생각된다.
148) 경복사를 首寺刹로 하여 금동사, 진구사, 대숭사, 대원사, 유마사, 중대사, 개원사, 연구사 등 사찰 8개가 전북지역에 위치하고 있었던 것으로 생각되고 있다(김방룡, 앞의 논문, 2003, pp. 78~84).

고구려 불교는 6세기대 이후 매우 발전하였다. 교학적으로 발전하였고 지방으로 확산되며 신앙계층이 다양해지는 모습이 나타나게 된다. 지방민 출신으로 출가하였던 보덕을 통해 6세기대 이후 고구려 불교의 발전을 확인해 볼 수 있다. 보덕은 『涅槃經』, 『維摩經』, 『方等經』 등과 같은 다양한 경전들에 대한 연구를 통해 당시 고구려 불교의 수준을 한 단계 높였던 것으로 생각된다. 원효와 의상이 보덕에게 수학하여 사상적 영향을 받았다는 점에서 확인해 볼 수 있다.[150]

그러나 고구려에서 7세기 영류왕대 이후 도교가 전래되고 정치적 상황이 변화되면서 佛敎政策이 변화되었던 것으로 생각된다. 보덕은 도교진흥책이 추진되고 불교에 대한 억압이 강화되는 상황에 대항하였고, 불교를 보호하면서 교단 내부적인 문제점들을 해결하고자 하였다. 그러나 연개소문 집권 이후 불교 억압이 더욱 강화되자 결국 보덕은 고구려를 떠났다. 보덕은 연개소문에 대항하였던 대표적 불교세력이었다. 보덕이 고구려를 떠난 것은 그와 연결되고 있었던 연개소문의 반대세력이 약화되었다는 사실을 알려준다. 보덕이 고구려를 떠난 직후부터 연개소문의 권력이 강화되면서 정치적·사회적 변화가 가속화되었던 것이다.

---

149) 신라가 익산 금마저에 보덕국을 설치하였던 원인에 대해서는 여러 가지 견해가 있다. 먼저 普德과 제자들이 이 지역에서 영향력을 행사하고 있었다는 사실이 고려되었고 신라가 고구려유민들을 이용하여 唐세력과 그와 결탁한 백제세력을 견제하려고 했던 점을 그 원인으로 보고 있다(金壽泰, 「統一期 新羅의 高句麗遺民 支配」, 『李基白先生古稀紀念韓國史學論叢』上, 1994, pp. 347~348). 한편 이 지역이 옛 백제 말기 왕도급 위상을 갖는 정치적 중심지였다는 점에서 독립국으로서의 보덕국의 위상을 갖추어주기 위해서였던 것으로 생각하였다. 그러나 이러한 모습을 통해 보덕국이 완전히 신라의 부용국이 되었던 것으로 이해하였다(임기환, 앞의 책, 2004, pp. 337~342).

150) '飛房靈迹瞻南地 舊隱遺蹤禮此間 浮石芬皇僧問道 慨然長想未知還'(『大覺國師文集』제 19, 到盤龍山延福寺禮普德聖師飛來舊址). 의상의 경우 佛性에 관한 의견은 원효와 유사하였던 것으로 생각되고 있다. 『維摩經』은 의상의 실천행에 적합하고 『涅槃經』은 화엄의 觀行에 유익했던 것으로 이해되고 있다. 따라서 의상의 사상에도 보덕이 영향을 주었던 것으로 생각되고 있다(김두진, 앞의 책, 2002, p. 9).

結 論

　지금까지 高句麗에 佛敎가 전해졌던 4세기대부터 멸망기까지의 高句麗 佛敎史를 승려들의 활동과 思想을 중심으로 검토해보았다. 특히 高句麗 佛敎史에서 그동안 연구가 미진하였던 6세기대 이후 불교계의 동향을 惠亮, 義淵, 慧慈, 普德 등과 같은 승려들을 중심으로 고찰해보았다.
　高句麗는 三國 중 가장 먼저 佛敎를 수용하였고 王室 및 貴族세력들의 적극적 후원을 받아 불교가 성장 발전하였다. 그리고 高句麗 佛敎는 中國과의 교류를 통해 당시 중국 불교의 발전적 흐름을 곧바로 받아들였던 것으로 생각된다. 중국에서는 5호 16국·南北朝시대에 들어 불교가 중국사회에 정착되었고 漢譯된 경전들에 대한 연구가 진행되어 敎學的으로도 발전되었다. 또한 隋·唐代 불교는 외래 종교적인 성격에서 벗어나 중국적 불교로서 더욱 융성 발전하였다. 이처럼 중국 불교의 발전적 경향은 시간 차이가 거의 없이 고구려에 전해졌고 고구려 불교가 발전하는 데에 영향을 주었던 것으로 생각된다. 그리고 당시 중국에 求法하였던 많은 고구려 승려들은 양국 불교 발전에 중요한 역할을 하였다.
　따라서 高句麗 佛敎의 수준은 매우 높았던 것으로 생각된다. 고구려 불교는 百濟와 新羅 불교의 발전과정에 많은 영향을 주었다. 또한 推古朝 일본도 고구려 불교를 적극적으로 받아들여 自國의 불교를 발전시켰다. 이러한 모습들을 통해 당시 고구려 불교의 수준을 잘 알 수 있다. 이처럼 발전했던 고구려 불교는 멸망 후 渤海의 불교로 계승되었고 統一新羅 전반기 불교의 발전에도 일정한 역할을 하였던 것으로 생각된다.[1)]

이제 각 장에서 검토한 내용들을 중심으로 高句麗 佛敎史를 정리해보고자 한다. 먼저 제 1장에서는 4·5세기대 佛敎의 전개과정에 대해 살펴보았다. 高句麗 사회에 불교는 이미 4세기 중엽에 전해졌던 것으로 생각된다. 그러나 공식적인 기록을 통해 확인되는 것은 小獸林王 2년 前秦의 승려 順道가 고구려에 佛像과 佛經을 전해준 것이다. 소수림왕은 불교를 통해 중앙집권적 통치체제를 정비하였고 이후 불교는 왕실 및 귀족들의 후원을 받아 성장하였다.

특히 廣開土王은 적극적으로 불교를 통치이념으로서 활용하였던 것으로 생각된다. 廣開土王은 平壤이나 遼東 지역처럼 고구려가 새로 확보했던 지역에 寺院과 佛塔을 건립하였다. 즉 새로 확보한 지역의 민심을 수습하고 통치하는 데에 불교를 이용했던 것으로 廣開土王代의 佛敎政策을 잘 보여주는 것이다. 한편 廣開土王代 집중적으로 寺院이 창건되면서 佛敎敎團이 점차 확대되었고 이와 함께 국가의 적극적인 불교통제도 이루어졌을 것으로 생각된다.

高句麗가 수용한 初期 불교의 성격은 格義佛敎였다. 그런데 중국에서는 5호 16국 시대 이후 漢譯된 佛經들이 증가하고 이에 대한 연구가 진행되어 불교 자체에 대한 이해가 심화되었다. 중국의 발전된 敎學이 고구려에 전해져 廣開土王代 이후부터 고구려 불교는 格義佛敎的 수준을 벗어났던 것으로 생각된다. 그리고 文咨王代부터 敎學에 대한 연구가 본격적으로 진

---

1) 발해의 불교는 고구려의 불교를 계승한 것으로 생각되고 있다. 고구려의 중요 지역이었던 中京, 東京, 西京, 南京 등지에서는 고구려 불교의 지방적 전통이 그대로 이어지고 있었다. 이 지역들에서 출토되었던 二佛竝坐像과 塑造佛·菩薩像 등은 고구려에서 성행하였던 천태종과 법화사상이 발해에서 그대로 유행하고 있음을 알려준다고 하였다. 또한 고구려에서 나타났던 천불신앙과 미륵신앙의 모습이 발해의 불교유물에서도 보이고 있어, 고구려의 불교적 전통이 발해에 그대로 계승되었음을 알 수 있다(김정희, 「문화상으로 본 계승관계」, 『고구려와 발해의 계승관계』, 고구려연구총서 7, 고구려연구재단, 2005).

행되면서 이후 고구려 佛敎敎學은 상당히 발전하였던 것으로 생각된다. 중국에 求法한 고구려 승려들은 중국 승려들과 교류하며 당시 중국 불교의 발전에 영향을 주었는데, 三論宗의 발전에 중요한 역할을 하였던 僧朗을 통해 살 알 수 있다.

제 2장에서는 6세기대 이후 나타났던 高句麗 佛敎敎團의 정비과성을 검토해보았다. 6세기대에 들어서 고구려 불교는 이전보다 한층 더 발전하였다. 연꽃 표현과 같은 古墳壁畵 내용의 변화와 중국의 영향을 벗어나 고구려 독자적인 양식을 보여주던 佛像과 같은 유물들을 통해 살펴볼 수 있다. 즉 고구려에서 불교 자체에 대한 이해가 깊어졌고 그 사유체계가 사람들의 의식구조에 자리 잡게 되었던 것이다. 또한 불교의 신앙계층이 확대되면서 지방에까지 불교가 널리 확산되었다. 소위 佛敎가 대중화되는 모습이 6세기대 들어 나타났던 것이다.

그런데 安臧王代부터 고구려 대내외적인 상황의 변화가 나타났다. 특히 정치적 상황이 변화되었는데 陽原王 즉위 이후 귀족연립정권이 성립되었던 것이다. 정치 상황의 변화는 고구려 각 분야에 상당한 영향을 주었을 것이다. 고구려 불교계에도 변화가 나타났을 것으로 생각되는 데 陽原王 7년(551) 新羅로 망명했던 惠亮에 대한 고찰을 통해 그러한 변화를 살펴볼 수 있다.

혜량은 신라에서 최초의 僧統이 되었고 百座講會와 八關會를 처음 실시하였다. 신라에서는 眞興王代 僧官制가 성립 운영되기 시작하였는데 혜량이 중요한 역할을 하였던 것으로 생각된다. 신라에서 北朝系統의 승관제가 성립되었던 것은 高句麗, 즉 혜량의 영향 때문이었다. 이처럼 新羅 僧官制의 성립과 정비에 중요한 역할을 하였던 혜량을 통해 고구려 승관제의 존재에 대해 유추해볼 수 있었다.

廣開土王代부터 사원과 승려가 증가하면서 敎團이 점차 확대되었을 것이다. 따라서 국가는 확대된 敎團을 통제하고 운영하기 위해 승관제가 실시되었을 것으로 생각된다. 高句麗 僧官制의 성립과 운영에 영향을 주었던 것은 국가가 강력하게 불교를 통제하였던 북위의 僧官制였을 것이다.

혜량이 신라 승려들 대신 신라 최초의 僧統이 되었던 것은 주목된다. 혜량을 신라로 데리고 갔던 거칠부는 젊은 시절 승려로 출가했다. 거칠부는 安臧王代 혹은 安原王代 전반기 고구려에 들어갔다가 혜량을 만났던 것으로 생각된다. 따라서 거칠부는 당시 고구려 불교계에서 혜량의 위치나 그 역할에 대해 직접 확인하였을 것으로 생각된다. 혜량이 신라 최초의 僧統이 되는 데에는 그를 진흥왕에게 소개하였던 거칠부의 의견이 많이 반영되었을 것으로 생각된다. 즉 거칠부가 고구려에서 직접 확인했던 모습을 진흥왕에게 보고하였고 진흥왕은 이러한 의견을 반영하여 혜량을 僧統에 임명하였던 것이다. 즉 혜량은 고구려에서 중요한 위치의 僧官이었고 중앙 불교계에서 상당한 명성을 얻고 있었던 승려였을 것으로 생각된다.

그런데 혜량이 양원왕대 신라로 망명했던 것은 당시 고구려 불교계의 변화와 밀접한 관련이 있는 것으로 추측된다. 6세기대 들어 고구려는 정치적·사회적으로 매우 혼란스러웠다. 안원왕 말년 발생한 왕위계승전은 그 대표적인 예이다. 이러한 중앙 정계의 혼란은 왕실과 귀족세력들의 후원을 받으며 발전하였던 고구려 불교계에도 영향을 주었던 것으로 생각된다. 즉 王權이 약화되면서 불교계에 대한 통제도 약화되었을 것이다. 또한 佛敎敎團 내부적으로는 대립하던 각 귀족세력들과 연결된 불교세력들 간의 분열과 대립이 발생하여 매우 혼란스러웠던 것으로 생각된다.

혜량도 안원왕 말년 발생한 왕위계승쟁탈전에서 서로 대립했던 두 세력 중 한 세력과 연결되었던 것으로 생각된다. 혜량은 麤群과 細群세력 중 세군세력과 밀접한 관련을 맺고 있었던 것으로 생각된다. 따라서 혜량은 추군세력의 추대를 받아 왕위에 즉위했던 양원왕대 중앙 불교계에서 활동하기 어려웠을 것이다. 결국 혜량은 양원왕 즉위 이후 중앙을 떠나 지방의 사원으로 내려가게 되었고, 양원왕 7년(551) 고구려를 떠났던 것이다. 이처럼 중앙 정계에서 서로 대립하던 귀족세력들 중 한쪽 세력과 연결되었던 것으로 생각되는 혜량이 고구려를 떠났던 것을 보면 당시 敎團 내부의 분열과 갈등이 상당히 심각하였던 것으로 생각된다. 즉 6세기대 들어 발생했던 정치적인 변화로 인해 佛敎敎團 내부의 분열과 변화가 발생하여 고구려 불교계는 상당히 혼란스러웠던 것으로 생각된다.

양원왕대 나타났던 불교계의 변화와 혼란을 해결하기 위해 여러 가지 노력과 방법이 모색되었다. 그 결과 평원왕대 정국이 안정되었고 지배체제가 재정비되었다. 불교계의 혼란을 해결하기 위한 노력도 함께 나타났던 것으로 생각되는데 義淵의 활동을 통해 살펴볼 수 있다.

의연은 평원왕대를 중심으로 활동하였던 승려였다. 그의 생몰 연대나 신분에 대해서 정확하게 알려져 있지 않지만 貴族출신으로 생각된다. 무엇보다 의연의 활동 가운데 가장 주목되는 것은 북제에 求法한 것이다.

의연은 특별히 法上과 북제 불교를 주목하여 북제에 갔던 것으로 생각된다. 왜냐하면 당시 高句麗 佛敎敎團, 특히 僧官制는 재정비가 요구되는 상황이었기 때문이다. 의연과 그를 후원하던 大丞相 王高德은 국가의 불교 통제가 엄격히 이루어졌던 北齊 불교를 주목하였다. 의연이 求法하였던 북제의 법상은 國統으로서 북제 불교계를 총괄하였던 승려였다. 따라서 의연은 법상에게서 불교 역사와 교학적 지식뿐만 아니라 고구려 승관제를 재정비할 수 있는 운영 방법도 전수받았던 것으로 생각된다.

따라서 고구려로 귀국한 의연은 먼저 법상으로부터 수용했던 四分律을 토대로 승관제를 재정비하였을 것으로 생각된다. 혜광이나 법상이 사분율을 중심으로 승관제를 정비 통제하였던 모습을 통해 알 수 있는데, 승관제의 정비는 불교에 대한 국가 통제력이 강화되었음을 의미하는 것이다. 의연과 왕고덕으로 대표되는 親王的 귀족세력들의 활동으로 승관제가 재정비되었고 불교교단 내부의 변화도 어느 정도 해결되었던 것으로 생각된다.

의연의 思想은 먼저 戒律과 관련해서 살펴볼 수 있을 것 같다. 의연은 계율을 엄격히 지켰으며 출가 승려들을 위한 四分律과 재가 신도들을 위한 菩薩戒도 널리 소개하였던 것 같다. 무엇보다 의연은 地論宗을 고구려에 소개하였다는 점에서 중요한 평가를 받고 있다. 의연이 求法하였던 법상은

地論宗 南道界의 대표적 인물이었다. 따라서 義淵은 그에게서 지론종을 수용하여 고구려에 전파하였을 것으로 생각된다.

그런데 지론종에서는 근본적으로 佛性을 인정하였다. 지론종이 고구려에 소개되면서 왕고덕과 같은 신진귀족들에게 널리 영향을 미쳤던 것으로 생각된다. 6세기대 이후 고구려의 불교교학수준이 발달하면서 귀족들이 불교를 수용하였던 이론적 근거였던 輪廻의 주체에 대한 의문이 발생하였을 것으로 생각된다. 그러한 의문은 佛性을 윤회의 주체로서 상정하여 해결하였을 것으로 생각된다. 또 각기 다른 출신 기반을 가지고 있었던 신진귀족 세력들의 차별 의식을 완화시켜 주었을 것으로 추측된다.

이처럼 의연에 의해 평원왕대 고구려 불교는 敎學的·制度的으로 이전보다 발전하였다. 『三國遺事』에서 의연이 순도를 계승하여 고구려 불교를 興敎시켰던 것으로 평가하는 내용을 통해 잘 알 수 있다.

제 3장에서는 7세기대 나타났던 高句麗 佛敎政策의 변화에 대해 검토해보았다. 平原王代 발전된 불교는 嬰陽王代 한층 융성하였던 것으로 생각된다. 영양왕대 고구려 불교가 일본에 전파되어 당시 일본 불교의 발전에 중요한 역할을 하였다. 이것은 당시 고구려 불교의 수준을 알려주는 것으로 영양왕대 이루어진 일본과의 불교교류에 대한 검토를 통해 당시 고구려 불교계의 동향에 대해 살펴보았다. 영양왕대 일본에서 활동하였던 승려들 중에 慧慈가 주목된다.

혜자는 영양왕 6년(595) 일본으로 건너가 歸化하였다. 혜자는 영양왕에 의해 일본에 파견되었는데 고구려의 선진적인 불교문화를 받아들이고자 했던 推古朝 일본의 외교적 노력도 중요하게 작용하였던 것으로 생각된다. 즉 혜자는 고구려와 일본, 양국의 요구에 의해 일본에 파견되었던 것이다. 특히 推古朝 들어 일본은 고구려 불교를 집중적으로 받아들였다. 전통적으로 일본 불교는 백제 불교의 영향을 받았는데 推古朝 고구려 불교를 적극적으로 수용하는 모습을 통해 당시 고구려 불교의 발전적 수준을 확인해 볼 수 있다.

혜자는 聖德太子의 스승으로 일본 불교의 발전에 커다란 영향을 미쳤다. 뿐만 아니라 혜자는 성덕태자의 정치적·외교적 자문 역할로서도 활동하였던 것으로 생각된다. 隋의 등장 이후 동아시아 지역에서 일본의 외교적 비중이 높아졌다. 이때 영양왕은 혜자를 일본에 파견하여 일본과 밀접한 관계를 맺어 隋와 新羅를 효과적으로 견제하였고 百濟와의 우호관계를 이끌어냈던 것이다. 혜자는 고구려의 외교적 입장을 대변했던 승려로서 일본의 외교에 큰 영향을 미쳤던 것이다.

일본에서 활발히 활동하던 혜자는 영양왕 26년(615) 귀국하였다. 이때는 高句麗와 隋와의 전쟁이 끝나 긴장상태가 어느 정도 해소되었고 隋의 국력이 약화되었던 시기였다. 한편 일본의 외교양상이 변화하였는데 신라와 점차 우호적인 외교관계를 형성하였던 것이다. 따라서 혜자는 고구려를 둘러싼 대내외적 정세가 변화하자 귀국하였던 것이다. 귀국 후 혜자는 영양왕 말년 마지막으로 대일본 외교를 추진하였던 것으로 생각된다. 그리고 영류왕 4년 혜자는 성덕태자의 죽음을 애도하기 위한 齋를 실시하였고 다음 해 입적하였다.

혜자가 귀국한 이후 별다른 활동을 펼치지 못했던 것은 당시 고구려 내부적인 상황의 변화와 밀접한 관련이 있는 것으로 생각된다. 영류왕은 즉위 후 前王과 관련된 세력들을 정치적으로 배제하였다. 따라서 영류왕대 들어 영양왕과 밀접한 관련이 있었던 혜자에게도 변화가 나타났을 것으로 생각된다.

한편 영양왕대 고구려 불교는 한층 융성하였던 것으로 생각된다. 이 시기 중국에서는 隋 文帝가 불교를 부흥시켰고 적극적인 佛敎治國策을 실시하였다. 따라서 영양왕은 수 불교의 영향을 받아 당시 대외적인 위기상황이 고조되는 가운데 불교를 이용하여 왕권강화와 정국안정을 도모하였던 것으로 생각된다. 혜자와 같은 승려들이 외교적으로 중요한 역할을 수행하였던 사실을 통해서 알 수 있다. 비슷한 시기 신라의 眞平王, 일본의 聖德太子가 불교를 국가운영에 적극적으로 이용하였던 모습과도 연관시켜 파악해 볼 수 있다.

또한 혜자는 사상적 측면에서도 왕권강화를 추구하던 영양왕에게 도움을 주었던 것으로 생각된다. 혜자의 사상에 대해서는 정확히 알 수 없지만 『法華經』,『維摩經』,『涅槃經』,『勝鬘經』과 같은 경전과 관련이 있을 것으로 생각된다. 특히 法華思想을 통해 왕권강화를 추구하던 영양왕대 왕실과 밀접한 관계를 맺을 수 있었을 것으로 생각된다. 그리고 평원왕대부터 나타났던 佛性에 대한 논의와 평등에 대한 관심이 영양왕대에도 계속 이어졌던 것으로 생각된다. 혜자와 관련된 경전들을 통해 확인할 수 있다. 또한 6세기대 들어 불교의 신앙계층이 확대되면서 재가신도들이 증대되자 이러한 경전들에 대한 관심이 높아졌던 것으로 생각된다.

영양왕대 융성하였던 고구려 불교는 영양왕대 들어 변화를 맞이하게 된다. 영류왕대 도교가 전래된 이후 고구려 佛敎政策의 변화가 나타났던 것으로 생각된다. 영류왕대 이후 나타난 불교정책의 변화는 普德을 통해 살펴볼 수 있다.

보덕은 지방민 출신의 승려였다 보덕이 『涅槃經』講經을 행한 것은 영류왕대로 생각된다. 영류왕은 즉위 이후 정치적 입지를 강화하기 위해 前王과 연결된 세력들을 배제하였는데 평양계 귀족세력들이었을 것으로 생각된다. 이들 평양계 귀족세력들은 주로 불교와 밀접한 관련을 맺고 있었다. 따라서 영류왕은 당시 당의 종교정책, 즉 道敎를 우위에 두고 불교를 통제하던 모습에 영향을 받아 도교를 통해 불교교단을 통제하여 자신의 반대세력을 억압하였던 것으로 생각된다.

한편 이러한 상황에 위기를 느낀 불교교단은 대응책을 마련하고자 보덕에게 講經을 요청하였다. 보덕은 『涅槃經』 강경을 통해 당시 왕실과 귀족들의 도교에 대한 관심이 증가하면서 도교세력이 확대되는 것에 대항하고자 했다. 즉 왕실이 護法할 것을 강조하였고 계율을 통해 혼란스러웠던 교단을 정비하고자 했다. 그러나 講經 이후 보덕은 자신이 비판했던 교단 내의 불교세력들과 왕실 및 도교세력들의 견제를 받게 되었던 것으로 결국 평양을 떠나게 되었다.

　보덕은 평양 근처 大寶山에서 靈塔寺를 창건하며 활발하게 활동하였다. 그러나 보덕에게 다시 변화가 나타나게 되는 데 지방의 盤龍寺로 이주하였던 것이다. 보장왕 즉위 이후 연개소문이 적극적인 도교진흥책을 추진하였다. 연개소문이 唐에 도교를 청해 道士가 파견되있고 이후 사원이 道館으로 바뀌고 道士들이 山川을 진압하였던 것이다. 이처럼 보장왕 2년 이후 연개소문에 의해 도교진흥책이 추진되자 보덕은 지방의 반룡사로 이주하였던 것이다.

　보덕은 연개소문에 적극적으로 대항했던 대표적 불교세력이었다. 보덕은 보장왕에게 당시 상황에 대해 비판하고 건의하였다. 그러나 그러한 보덕의 건의는 받아들여지지 않았고 오히려 그에 대한 견제와 압박은 점점 더 가중되었다. 결국 보덕은 보장왕 9년(650) 고구려를 떠나 백제로 이주하였다.

　보덕이 떠난 바로 다음 해인 보장왕 10년부터 연개소문 가문의 私的 권력기반이 강화되기 시작하였다. 연개소문에 저항하던 보덕과 같은 불교세력이 제거되자 보덕과 연결되었던 귀족세력들, 즉 연개소문의 반대편 입장에 있었던 귀족들의 세력도 약화되었던 것으로 생각된다. 따라서 보덕이 고구려를 떠난 이후부터 연개소문의 권력 강화가 보다 적극적으로 추진될 수 있었던 것이다.

　보덕은 영류왕대 이후 내부적인 분열과 혼란의 모습이 나타나고 있었던 敎團의 모습을 반성하고 연개소문에 의해 추진되었던 도교진흥책에 대항하여 고구려 불교를 지키고자 하였다. 그러나 왕실과 지배귀족세력들의 불교에 대한 후원이 약화되었고 敎團 내부적으로 분열된 상황에서 보덕의 노력만으로 결과를 얻을 수 없었다. 결국 보덕은 고구려를 떠나 백제로 이주하였다.

　보덕이 백제를 이주처로 결정했던 것은 다음과 같은 원인 때문이었을 것이다. 당시 백제가 고구려와 우호적인 관계를 형성하고 있었고 보덕과 관련된 涅槃思想이 백제지역에서 성행하였다는 점, 고구려와 백제 양국 불교교류를 통해 백제 불교계의 상황을 그가 잘 알고 있었다는 점 등이다. 한편 보덕은 신라에서는 자신의 신분적 한계를 극복하기가 매우 어렵다는 것을 잘 알고 있었다.

보덕은 백제 지역 내에서도 完山 孤大山에 景福寺를 창건하였다. 완산 지역은 王都급의 위상을 가지고 있었지만 중앙 정치세력과 일정한 거리를 두고 있었던 지역으로 백제 武王代 이후 불교문화가 활발히 전개되고 있었다. 이제 보덕은 完山을 중심으로 자신의 思想을 펼쳐 나갔다. 보덕과 그 제자들의 활동으로 완산 지역에는 高句麗 佛敎의 思想의 遺風이 형성되었고 고구려 멸망 후 이 지역으로 遺民들이 자연스레 모여들게 되었다. 이러한 이유 때문에 신라가 이 지역에 報德國을 설치하였던 것으로 생각된다.

지금까지 본 문에서 살펴보았던 高句麗 佛敎史의 내용을 다시 한 번 정리해보았다. 무엇보다 고구려 불교사의 전개와 변화를 체계적으로 이해하기 위해서는 고구려 불교사를 시기 구분하여 살펴보는 작업이 필요하다고 생각된다. 고구려에 불교가 수용된 이후부터 멸망기까지 시기적으로 구분하여 각 시기마다 불교의 전개과정에 대해 살펴보고 전후 시기와 비교하여 그 변화의 모습을 검토해보면 고구려 불교에 대한 이해가 보다 자세히 이루어질 수 있을 것이다. 본 문에서 살펴보았던 내용을 중심으로 다음과 같이 고구려 불교사를 시기구분해 볼 수 있을 것으로 생각된다.

먼저 4·5세기는 고구려 사회에 불교가 수용된 이후 정착되던 시기였다고 생각된다. 고구려 불교는 소수림왕 2년 공인된 이후 왕실의 적극적인 후원을 받으며 성장 발전하였다. 특히 광개토왕은 불교를 통치이념으로 적극 활용했던 것으로 생각된다. 사원과 승려가 증가하면서 敎團이 성립되었고 僧官制가 실시되어 교단을 운영하였을 것으로 생각된다. 특히 승관제도를 통해 국가가 교단을 강력하게 통제해나갔을 것으로 생각된다.

다음 6세기대부터 7세기 전반기까지는 고구려 불교의 발전기로 구분해 볼 수 있을 것 같다. 6세기대 이후 고구려 불교는 敎學的·制度的으로 발전하였다. 그리고 불교의 신앙계층이 다양해지면서 지방으로까지 확산되었다. 그런데 이 시기 고구려 대내외적 상황이 변화되면서 불교계에도 영향을 미쳤던 것으로 생각된다. 양원왕대 귀족연립정권이 성립되었고 고구려를 둘러싼 대외적 상황도 변화되었다. 특히 고구려 정치적 상황의 변화는 불교계에도 상당한 영향을 주었을 것으로 생각된다. 佛敎敎團이 내부적으로 분열되고 대립되었던 것으로 유추된다. 양원왕대 신라로 망명한 승려 혜량을 통해 그러한 상황을 잘 살펴볼 수 있다.

그러나 평원왕대 정권이 안정되고 지배체제가 재정비되면서 불교계의 혼란을 해결하고자 하는 노력이 나타났다. 의연을 통해 알 수 있듯이 북제 僧官制를 모범으로 삼아 혼란스러웠던 僧官制를 재정비하였다. 또한 의연은 地論宗을 수용하였고 佛性에 대한 논의를 통해 당시 불교계와 정치사회적으로도 영향을 주었던 것으로 생각된다. 의연은 고구려 불교를 발전시켰던 승려로서 평가받고 있다는 점에서 평원왕대 고구려 불교가 이전보다 더욱 발전하였다는 점을 알 수 있다.

영양왕대 고구려 불교는 매우 융성하였다. 영양왕은 佛敎治國策을 추진하였던 것으로 생각된다. 영양왕대 당시 혜자와 같은 승려들의 정치적·외교적 역할이 증대되었던 점을 통해 알 수 있다. 즉 영양왕은 대외적으로 군사적 위기가 지속되던 상황 속에서 불교를 이용하여 왕권 강화 및 국내정치를 운영해나가고자 하였던 것이다. 한편 영양왕대 고구려 불교의 수준은 매우 높았던 것으로 생각된다. 推古朝 일본이 고구려 불교를 적극적으로 수용하였던 점을 통해 알 수 있다.

마지막으로 7세기 영류왕대부터 고구려 멸망기까지는 불교가 쇠퇴하였던 시기로 생각된다. 이 시기 들어 고구려 佛敎政策은 변화하였다. 영류왕대 왕실 및 일부 귀족세력들을 중심으로 道敎에 대한 관심이 증대되면서 도교세력이 확대되었던 것으로 생각된다. 보덕은 영류왕대 도교세력이 확대되면서 나타났던 불교정책의 변화에 대항하여 불교를 수호하고자 하였던 것으로 생각된다. 그러나 연개소문 집권이후 도교진흥책이 추진되면서 불교 억압이 더욱 강화되자 보덕은 결국 보장왕 9년(650) 고구려를 떠나 백제로 이주하였다.

　이상 살펴보았던 고구려 불교사의 내용을 중심으로 고구려 불교의 특징에 대해 정리하면 다음과 같다. 고구려 불교는 수용 이후부터 왕실 및 귀족세력들과 밀접한 관계를 맺고 발전하였다. 따라서 정치적·사회적 상황이 변화하고 지배세력들이 불교에 대한 후원과 인식을 달리하면 불교의 사회적 위치와 영향력이 변화하였다. 즉 영류왕대 이후 왕실 및 일부 귀족세력들을 중심으로 불교에 대한 관심이 변화되자 불교가 약화되는 모습이 나타나게 되었던 것이다.

　한편 고구려 불교는 중국 불교의 발전적 흐름을 곧바로 받아들여 발전하였던 것으로 생각된다. 制度的 측면에서 北朝佛敎의 영향을 받았지만 사상적 측면에서는 南朝佛敎의 영향도 존재하였을 것으로 생각된다. 그리고 고구려 불교는 다른 국가의 불교 발전에도 중요한 역할을 하였다. 중국 三論宗과 개로왕대 백제 불교, 眞興王代 신라 불교, 推古朝 일본 불교의 발전에 중요한 역할을 하였던 것으로 생각된다. 고구려 멸망 이후에 고구려 불교는 발해에 계승되었고 통일신라 전반기 불교가 발전하는 데에도 일정한 역할을 하였다.

　마지막으로 고구려 불교사 연구를 진행하면서 충분한 연구가 이루어지지 못한 부분들과 앞으로 더 수행되어야 할 과제들에 대해 검토하면서 내용을 마치고자 한다. 무엇보다 高句麗 佛敎史는 관련된 자료가 부족하여 그 내용을 체계적으로 이해하는 데에 어려움이 존재한다. 따라서 시기적으로 내용적으로 그 변화의 과정과 상황들을 충분히 살펴보지 못한 부분들이 존재할 것으로 생각된다.

　먼저 佛敎思想에 대해 세밀히 살펴보지 못했다. 승려 개인의 사상을 중심으로 고구려 불교사상과 연관시켜 살펴보았기 때문에 부분적이고 개설적인 검토만이 이루어졌던 것으로 생각된다. 즉 高句麗 佛敎思想의 전체적인 전개와 변화발전과정에 대한 충분한 이해가 이루어지지 못하였다. 따라서 앞으로 승려들과 관련된 經典들에 대한 깊이 있는 이해와 함께 당시 중국 佛敎思想과의 비교검토를 통해 고구려 佛敎思想的 측면에 대한 체계적이고 심도있는 연구가 진행되어야 할 것으로 생각된다.

다음으로 고구려 불교세력에 대한 보다 구체적인 접근이 이루어지지 못했다. 고구려 불교는 왕실, 귀족세력들과 관련되어 발전하였다. 그런데 정치적 사회적 상황의 변화에 따라 지배세력들의 불교에 대한 인식과 태도가 달라졌다. 특히 6세기대 이후 정치상황의 변화과정 속에서 왕실과 귀족들의 사상적 경향을 보다 자세히 구분하여 살펴볼 필요가 있다. 이때 佛敎나 道敎와 관련된 지배층들의 모습을 구분하여 살펴볼 수 있다면 당시 불교계 및 정치사회적 상황에 대한 이해가 보다 구체적으로 이루어질 수 있을 것 같다.

마지막으로 自國을 떠나 외국에서 활동하였던 고구려 승려들에 대해 더 자세하게 살펴볼 필요가 있다. 고구려 불교는 단지 고구려에 국한되었던 것이 아니라 三國 및 중국, 일본의 불교와 밀접한 관련을 맺고 있었던 것으로 생각된다. 따라서 외국에서 활동했던 고구려 승려들에 대한 검토를 통해 동아시아 불교에 대한 전반적인 이해와 함께 고구려 불교가 당시 동아시아 불교의 발전에 기여했던 역할 등에 대해 살펴볼 수 있을 것으로 생각된다.

〈표 1〉 중국 및 일본에서 활동했던 고구려 승려

法名	활동시기	활동지역	관련 종파	관련 승려	출처
僧朗	劉宋末(460년대) 齊 初(480) 永明 7년(489) 天監 12년(519)	●江南지역 ●鐘山草堂寺 ●攝山棲霞寺	三論宗	法度의 제자	『高僧傳』권8, 法度傳
智晃	577년 무렵	陳 道場寺	說一切有部	曇遷 慧曉 智璀	『續高僧傳』권18, 釋曇遷
定法師	北周 존립시 (557-580)	北周			『古詩紀』권117
義淵 (귀국)	平原王18년(576) 法上과 만남	北齊	地論宗	法上	『海東高僧傳』권1, 釋義淵傳
惠便	平原王26년(584)	일본			『日本書紀』권20, 敏達天皇13년 秋9월조
法明 (比丘尼)	平原王26년(584)	일본			『元興寺緣起』
波若	隋 開皇16년 (596)전후시기	●陳수도金陵 ●천태산	天台宗	智者	『續高僧傳』권17, 釋智越傳 附傳 波若
實法師	601년 무렵	강남지역	三論宗	法敏 慧持	『續高僧傳』권14, 釋慧持 『續高僧傳』권15, 釋法敏
印法師	隋 開皇 연간初 (581-600)	蜀	三論宗	靈睿	『續高僧傳』권15, 釋靈睿
慧慈 (귀국)	영양왕6(595)渡日 同王 26(615)귀국 영류왕5(622)입적	일본			『日本書紀』권22, 推古天皇 『本朝高僧傳』권67
僧隆 雲聰	영양왕 13년 (602) 渡日	일본			『日本書紀』권22, 推古天皇
曇徵 法定	영양왕 21년 (610) 渡日	일본			『日本書紀』권22, 推古天皇

法名	활동시기	활동지역	관련 종파	관련 승려	출처
慧灌	●隋 求法 ●榮留王8년(625) 渡日	●隋 ●일본	三論宗	吉藏	『本朝高僧傳』권1
道登	●榮留王11년(628) 唐 求法 ●榮留王12년(629) 이후 度日	●唐 ●일본	三論宗	吉藏	『本朝高僧傳』권72
狛大法師	654년 무렵	일본			『日本書紀』권25, 孝德天皇
道顯	齊明天皇 6년(660) 무렵				『日本書紀』권26, 齊明天皇
智德	弘忍(601-674)의 쌍봉산 주석시	唐	禪宗	弘忍의 제자	『楞伽師資記』
玄遊	685년 무렵	●唐 ●師子國		僧哲의 제자	『大唐西域求法高僧傳』 『海東高僧傳』권2

2) 본문 외에 표 작성을 위해 참고한 논문들은 다음과 같다.
   李 萬,「三國時代 佛教思想의 定立을 위한 試論—逸失된 著書와 僧侶들을 중심으로」, 『한국학논집』21, 1994 ; 黃有福·陳景富 著, 권오철 譯, 『韓中佛教文化交流史』, 도서출판 까치, 1995 ; 김상현,「中國文獻所載 高句麗 佛教史 記錄의 檢討—求法僧의 東亞細亞 佛教에의 참여를 중심으로」, 『고구려의 사상과 문화』, 고구려연구재단, 2005.

參考文獻

1. 資料

『三國史記』『三國遺事』『海東高僧傳』『大覺國師文集』
『韓國佛教全書』『東國李相國集』
『高僧傳』『續高僧傳』『舊唐書』『新唐書』『周書』『北史』『廣弘明集』
『歷代三寶紀』『楞伽師資記』
『日本書紀』『風土記』『日本書紀通』『本朝高僧傳』『大日本佛教全書』
韓國古代社會硏究所編,『譯註韓國古代金石文』Ⅰ, 駕洛國史蹟開發硏究, 1992
駕洛國史蹟開發硏究員編,『日本六國史韓國關係記事譯註』, 駕洛國史蹟開發硏究, 1994

2. 著書 및 譯・編書

강우방,『개정판 한국불교조각의 흐름』, 대원사, 1990
高翊晉,『韓國古代佛教思想史』, 동국대학교 출판부, 1989
_____,『古代韓國佛教教學硏究』, 민족사, 1989
孔錫龜,『高句麗 領域擴張史 硏究』, 서경문화사, 1998
길기태,『백제 사비시대의 불교신앙 연구』, 서경, 2006
金南允,『新羅法相宗 硏究』, 서울대학교 박사학위논문, 1995
金東華,『三國時代의 佛教思想』, 민족문화사, 1987
金杜珍,『義湘 그의 생애와 화엄사상』, 민음사, 1995
_____,『신라 화엄사상사연구』, 서울대학교 출판부, 2002

金理那,『韓國古代佛敎彫刻史硏究』, 일조각, 1989
金文經,『唐代의 社會와 宗敎』, 숭실대학교 출판부, 1984
金福順,『新羅華嚴宗硏究』, 민족사, 1990
金相鉉,『新羅華嚴思想史硏究』, 민족사, 1991
金元龍,『韓國美術史硏究』, 일시사, 1987
金英美,『新羅佛敎思想史硏究』, 민족사, 1994
金煐泰,『百濟佛敎思想硏究』, 동국대학교 출판부, 1985
＿＿＿＿,『初期韓國敎團佛敎史硏究』, 민족사, 1986
＿＿＿＿,『三國時代佛敎信仰硏究』, 불광출판사, 1990
＿＿＿＿,『佛敎思想史論』, 민족사, 1992
金賢淑,『高句麗 地方統治體制 硏究』, 경북대학교 박사학위논문, 1996
南東信,『元曉의 大衆敎化와 思想體系』, 서울대학교 박사학위논문, 1995
＿＿＿＿,『원효』, 새누리, 1999
盧鏞弼,『新羅眞興王巡狩碑硏究』, 일조각, 1996
노태돈,『고구려사연구』, 사계절, 2000
목정배,『三國時代의 佛敎』, 동국대학교 출판부, 1989
文明大,『韓國彫刻史―先史時代에서 統一新羅時代까지』, 열화당, 1980
손영종,『북한의 우리 고대사인식』Ⅰ, 대륙연구소 출판부, 1991
＿＿＿＿,『고구려사의 제문제』, 신서원, 2000
辛鍾遠,『新羅初期佛敎史硏究』, 민족사, 1992
安啓賢,『韓國佛敎史硏究』, 동화출판공사, 1983
＿＿＿＿,『韓國佛敎思想史硏究』, 동국대학교 출판부, 1983
李康來,『三國史記 典據論』, 민족사, 1995
李基白,『新羅思想史硏究』, 일조각, 1986
＿＿＿＿,『韓國古代政治社會史硏究』, 일조각, 1996
李 萬,『韓國唯識思想史』, 장경각, 2000

李成制, 『5-6세기 高句麗의 西方政策 硏究』, 서강대학교 박사학위논문, 2002

李弘稙, 『韓國古代史의 硏究』, 신구문화사, 1971

임기환, 『고구려 정치사 연구』, 한나래, 2004

全虎兒, 『고구려고분벽화연구―내세적 표현을 중심으로』, 서울대학교 박사학위논문, 1997

_____, 『고구려 고분벽화 연구』, 사계절, 2000

장인성, 『백제의 종교와 사회』, 서경문화사, 2001

章輝玉, 『海東高僧傳硏究』, 민족사, 1991

정승경, 『佛典解說事典』, 민족사, 1989

정예경, 『중국 북제·북주 불상연구』, 혜안, 1998

趙景徹, 『百濟 佛敎史의 展開와 政治變動』, 한국학중앙연구원 한국학대학원 박사학위논문, 2005

黃壽永, 『韓國의 佛像』, 문예출판사, 1989

東國大 新羅文化硏究所, 『皇龍寺의 綜合的 考察―新羅文化祭學術論文輯』 22집, 2001

전북대 전라문화연구소, 『보덕화상과 경복사지』, 신아출판사, 2003

忠南大學校 百濟硏究所, 『百濟佛敎文化의 硏究』, 1994

鎌田茂雄 著, 章輝玉 譯, 『中國佛敎史3-南北朝의 불교(上)』, 장승, 1996

鎌田茂雄 著, 정순석 譯, 『中國佛敎史』, 경서원, 1985

藤堂恭俊 著, 차차석 譯, 『中國佛敎史』, 대원정사, 1982

呂澂 著, 각소 譯, 『중국불교학강의』, 1992

田村圓澄 著, 노성환 譯, 『古代韓國과 日本佛敎』, 울산대학교 출판부, 1997

黃有福·陳景富 著, 권오철 譯, 『韓中佛敎文化交流史』, 도서출판 까치, 1995

K.S.케네스첸 著, 박해당 譯, 『中國佛敎 上』, 민족사, 1991

李成市, 『古代東アジアの民族と國家』, 岩波書店, 1998
鎌田茂雄, 『中國佛敎史 4-南北朝の佛敎』, 東京大學出版會, 1984
鎌田茂雄, 『中國佛敎史 5-隋唐の佛敎(上)』, 東京大學出版會, 1999
鎌田茂雄, 『中國佛敎史 6-隋唐の佛敎(下)』, 東京大學出版會, 1999
大山誠一, 『聖德太子の誕生』, 吉川弘文館, 1999
山崎宏, 『支那中世佛敎史の展開』, 淸水書店, 1942
_____, 『隋唐佛敎史の硏究』, 法藏館, 1967
田中嗣人, 『聖德太子信仰の成立』, 吉川弘文館, 1983
田中史生, 『日本古代國家の民族支配と渡來人』, 校倉書房, 1997
田村圓澄, 『飛鳥仏敎史硏究』, 塙書房, 1969
_____, 『古代朝鮮佛敎と日本佛敎』, 吉川弘文館, 1980

3. 硏究論文

강우방, 「햇골산磨崖佛群과 斷石山磨崖佛群」, 『李基白先生古稀紀念韓國史學論叢』上, 1994
孔錫龜, 「4-5세기 고구려에 유입된 중국계 인물의 동향―문헌자료를 중심으로」, 『한국고대사연구』 32, 2003
郭東錫, 「金銅製一光三尊佛의 系譜―韓國과 中國山東지방을 중심으로」, 『미술자료』 51, 1993
權悳永, 「三國時代 新羅 求法僧의 활동과 역할」, 『청계사학』 4, 1987
吉基泰, 「百濟 泗沘期의 佛敎政策과 度僧」, 『百濟硏究』 41, 2005
金理那, 「高句麗 佛敎彫刻양식의 전개와 중국 佛敎彫刻」, 『고구려 미술의 대외교섭―제4회 전국미술사학대회』, 예경, 1996
_____, 「고대 한일미술교섭사」, 『한국고대사연구』 27, 2002
김빙룡, 「신라 통일기 불교사상의 전개와 普德의 열반종」, 『보덕화상과

경복사지』, 2003
김상현,「삼국유사론」,『강좌 한국고대사』1, 가락국사적개발연구원, 2003
_____,「고구려의 미륵신앙」,『고구려 문화의 역사적 의의』, 고구려연구재단, 2005
_____,「中國文獻所載 高句麗 佛教史 記錄의 검토―求法僧의 東亞細亞佛敎에의 참여를 중심으로」,『고구려의 사상과 문화』, 고구려연구재단 연구총서 4, 2005
金壽泰,「統一期 新羅의 高句麗遺民支配」,『李基白先生古稀紀念 韓國史學論叢』上, 1994
_____,「百濟 法王代의 佛敎」,『백제불교의 새로운 연구』, 2000
김정희,「문화상으로 본 계승관계」,『고구려와 발해의 계승관계』, 고구려연구총서 7, 고구려연구재단, 2005
金煐泰,「高句麗 僧朗에 대한 再考察」,『韓國佛敎學』8, 1983
_____,「朝鮮前期의 度僧 및 赴役僧의 問題」,『불교학보』32, 1995
金瑛河,「古代 遷都의 역사적 의미」,『한국고대사연구』36, 2004
金仁德,「僧朗大師 사상학설의 관계자료」,『韓國佛敎學』8, 1983
_____,「僧朗의 三論思想」,『哲學思想의 諸問題』2, 1984
_____,「高句麗의 三論思想展開」,『伽山 李智冠스님華甲紀念論叢 韓國佛敎文化思想史』上, 1992
金芿石,「高句麗 僧朗과 三論學」,『白性郁博士頌壽紀念佛敎學論集』, 1959
_____,「僧朗을 상승한 中國三論의 眞實性」,『佛敎學報』1, 1963
_____,「僧朗을 상승한 中國三論의 歷史性」,『東國大論文集』1, 1964
김주성,「보덕전의 검토와 보덕의 고달산 이주」,『한국사연구』121, 2003
_____,「보덕에 관한 사료검토」,『보덕화상과 경복사지』, 2003

김진한,「文咨王代의 對北魏外交―北魏 孝文帝・宣武帝의 對外政策과 關聯하여」,『한국고대사연구』 44, 2006

金昌鎬,「甲寅年銘釋迦像光背銘文의 諸問題―6세기 佛像造像記의 검토와 함께」,『미술자료』 53, 1994

金賢淑,「高句麗 中後期 中央集權的 地方統治體制의 발전과정」,『한국고대사연구』 11, 1997

_____,「6세기 高句麗執權體制動搖의 一要因」,『경북사학』 22, 1999

김해근,「한국불교 열반종 소사」,『보덕화상과 경복사지』, 2003

南東信,「慈藏의 敎團整備와 僧官制」,『불교문화연구』 4, 1995

_____,「新羅의 僧政機構와 僧官制度」,『한국고대사논총』 9, 2000

_____,「新羅中古期 佛敎治國策과 皇龍寺」,『皇龍寺의 綜合的 考察』, 2001

南武熙,「高句麗 僧郎의 생애와 그의 新三論思想」,『북악사론』 4, 1998

_____,「高句麗後期 佛敎思想 硏究―義淵의 地論宗思想 受容을 중심으로」,『국사관논총』 95, 2001

_____,「安原王・陽原王代 정치변동과 고구려 불교계 동향」,『한국고대사연구』 45, 2007

盧鏞弼,「普德의 思想과 活動」,『한국상고사학보』 2, 1990

_____,「普德의 佛敎守護운동과 涅槃思想」,『보덕화상과 경복사지』, 2003

文明大,「元五里寺址 塑造佛像의 연구―高句麗千佛像과 관련하여」,『고고미술』 150, 1981

_____,「高句麗 佛塔의 考察」,『역사교육논집』 5, 1983

_____,「長川1號墓 佛像禮拜圖壁畵와 佛像의 始原問題」,『先史와 古代』 1, 1991

_____,「高句麗 初創佛敎寺院 省門寺 伊弗蘭寺의 고찰」,『講座美術史』 10, 1998

_____, 「佛像의 受容問題와 長川1號墓 佛像禮佛圖壁畵」, 『講座美術史』 10, 1998
閔喆熙, 「高句麗 陽原王·平原王代의 政局變化」, 『史學志』 35, 2002
朴先榮, 「高句麗 僧朗의 중국 유학과 활동 및 師承관계」, 『천태종전운덕총무원장화갑기념 불교학논총』, 1999
_____, 「中國의 三論學史에서 僧朗時代 攝山 棲霞寺의 가풍」, 『종교교육학연구』 9, 1999
_____, 「高句麗 출신 僧朗을 상승한 中國三論宗 제 2기의 가풍(2)」, 『불교학보』 37, 2000
朴成熙, 「신라 眞興王 즉위 前後 정치세력의 동향」, 『한국고대사연구』 22, 2001
박윤선, 「고구려의 불교수용」, 『한국고대사연구』 35, 2004
朴鍾鴻, 「高句麗 僧朗의 認識方法論과 本體論」, 『韓國思想史』, 1972
박진숙, 「長壽王代 高句麗의 對北魏外交와 百濟」, 『한국고대사연구』 36, 2004
변동명, 「高麗忠烈王代의 妙蓮寺 창건과 法華信仰」, 『한국사연구』 104, 1999
徐永大, 「高句麗 平壤遷都의 動機—王權 및 中央集權的 支配體制의 强化過程과 關聯하여」, 『한국문화』 2, 1981
손영종, 「금석문에 보이는 삼국시기의 몇 개 연호에 대하여」, 『력사과학』, 1996
申東河, 「高句麗의 寺院造成과 그 意味」, 『한국사론』 19, 1988
_____, 「韓國古代의 佛紀사용에 대하여」, 『한국사론』 41·42, 1999
신종원, 「삼국의 불교 初傳者와 초기불교의 성격」, 『한국고대사연구』 44, 2006
신형식, 「손영종의 『고구려사』(2)의 분석과 비판」, 『慶北史學』 23, 2000
梁起錫, 「4-5世紀 高句麗 王者의 天下觀에 對하여」, 『호서사학』 11,

1983

柳炳德,「僧朗과 三論思想」,『崇山朴吉眞博士華甲紀念韓國佛敎思想史』, 1975

윤덕향,「경복사지의 현황과 가람에 대한 추론」,『보덕화상과 경복사지』, 2003

延敏洙,「古代韓日外交史―三國과 倭를 중심으로」,『한국고대사연구』 27, 2002

_____,「古代 日本의 高句麗觀 硏究」,『북방사논총』 2, 2004

李基東,「北韓에서의 高句麗史 연구의 현 단계―孫永種 著《高句麗史》을 읽고」,『東國史學』 33, 1999

李乃沃,「淵蓋蘇文의 執權과 道敎」,『역사학보』 99·100합집, 1983

李道學,「廣開土王陵碑文의 思想的 背景」,『한국학보』 106, 2002

_____,「新浦市寺址 出土 高句麗金銅板銘文의 檢討」,『고구려 광개토왕릉비문연구』, 서경, 2005

_____,「高句麗의 內紛과 內戰」,『高句麗硏究』 24, 2006

李 萬,「三國時代 佛敎思想의 定立을 위한 試論―逸失된 著書와 僧侶들을 중심으로」,『한국학논집』 21, 1994

李萬烈,「高句麗思想政策에 대한 몇 가지 檢討」,『柳洪烈華甲紀念論叢』, 을유문화사, 1971

李文基,「高句麗 德興里古墳壁畵의 七寶行事圖와 墨書銘」,『역사교육논집』 25, 1999

李成市,「高句麗와 日隋外交―이른바 國書問題에 관한 一試論―」,『碧史李佑成停年記念 論叢 民族史의 展開와 그 文化』上, 1990

李成制,「영양왕 9년 高句麗의 遼西攻擊」,『진단학보』 20, 2000

_____,「高句麗와 北齊의 關係―552년 流人 送還의 문제를 중심으로」,『한국고대사연구』 23, 2001

李龍範,「北朝前期 佛敎의 高句麗 傳來」,『동국대학교 논문집』 12, 1973

이재중,「고구려·백제·신라의 중국미술수용」,『한국고대사연구』32, 2003

林起煥,「6·7세기 高句麗 政治勢力의 동향」,『한국고대사연구』5, 1992

_____,「高句麗 政治史의 연구현황과 과제」,『한국고대사연구』31, 2003

田美姬,「元曉의 身分과 그의 活動」,『한국사연구』63, 1988

_____,「淵蓋蘇文의 執權과 그 政權의 性格」,『李基白先生古稀紀念 韓國史學論叢』上, 1994

全虎兒,「5世紀 高句麗 古墳壁畫에 나타난 佛敎的 來世觀」,『한국사론』21, 1989

_____,「고구려 고분벽화에 나타난 하늘 연꽃」,『미술자료』46, 1990

_____,「북한소재 고구려 고분벽화의 보존과 관리방안 연구」,『한국고대사연구』35, 2004

정병삼,「고대 한국과 일본의 불교교류」,『한국고대사연구』27, 2002

_____,「보덕의 불교와 7세기 삼국사회」,『보덕화상과 경복사지』, 2003

鄭善如,「高句麗 僧侶 義淵의 活動과 思想」,『한국고대사연구』20, 2000

_____,「6세기 高句麗 佛敎信仰」,『백제연구』34, 2001

鄭在書,「高句麗 古墳壁畫의 神話·道敎的 題材에 대한 새로운 認識―中國과 周邊文化와의 關聯性을 中心으로」,『백산학보』46, 1996

조경철,「광개토왕대 영락연호의 검토와 불교」, 2004년 10월 9일 한국고대사학회 발표문

趙法鐘,「중국 집안박물관 호태왕명문 방울」,『한국고대사연구』33, 2004

주보돈,「三國時代 地方統治體制의 定着過程―高句麗의 事例를 중심

으로」,『강좌 한국고대사』2, 재단법인 가락국사적개발연구원, 2003
車柱環,「高句麗의 道敎思想」,『韓國道敎思想硏究』, 서울대출판부, 1978
蔡印幻,「高句麗佛敎戒律思想硏究」,『불교학보』27, 1990
최광식,「'東北工程'의 배경과 내용 및 대응방안—고구려사 연구동향과 문제점을 중심으로」,『한국고대사연구』33, 2004
崔鈆植,「삼국시대 미륵신앙과 내세의식」,『강좌 한국고대사』8, 2002
최재석,「백제의 대화왜에서의 고구려승과 신라승의 역할」,『민족문화』20, 1997
한명숙,「삼국의 불교수용과 발전」,『가산학보』10, 2002
土居那彦,「三國時代의 善知識과 智識의 기초적 검토」,『한국고대사연구』16, 1999
Pankaj Mohan,「국가주의적 신라불교의 형성에서 고구려의 역할」,『고구려와 동아시아—문물교류를 중심으로』, 2005년 5월 고려대학교박물관주최 국제학술심포지움 발표문
洪潤植,「古代日本佛敎에서의 三國佛敎의 역할」,『국사관논총』24, 1991
結城令聞,「初唐佛敎の思想的矛盾と國家權力との交錯」,『東洋文化硏究紀要』25, 1971
吉田一彦,「僧旻の名について」,『日本佛敎の史的展開』, 塙書房, 1999
門田誠一,「高句麗の初期佛敎における經典と信仰の實態」,『朝鮮史硏究會論文集』39, 2001
＿＿＿＿,「銘文の檢討による高句麗初期佛敎の實相―德興里古墳墨書中の佛敎語彙中心に」,『朝鮮學報』180, 2001
新川登龜男,「高句麗と日本」,『日本古代文化史の構想』, 名著刊行會, 1994

深津行德,「法体の王―序說: 新羅の法興王の場合―」,『朝鮮半島に流入した諸文化要素の研究』, 1993

찾아보기

㉮

居柒夫 48, 49, 50, 52, 56, 57, 136
建興五年丙辰銘金銅光背 44
格義佛敎 6, 17, 26, 31, 35, 134
景福寺 131, 142
景四年辛卯銘金銅三尊佛立像 43
故國壤王 21
廣開土王 21, 23, 24, 25, 134
9寺 7, 8, 17, 21, 25, 26
國統 51, 55, 62
귀족연립정권 57, 72, 135
吉藏 33
金剛寺 26, 27
金剛寺址 27

㉯

樂良東寺 27, 42, 45
男生 127

㉰

曇始 7, 17, 24, 26, 31, 53, 74, 75, 76, 77
曇徵 90, 102
曇超 28
唐 高祖 113, 114
大丞相 65, 71
德昌 126
德興里 壁畵古墳 8, 22
도교 113, 114, 115, 117, 125
도교진흥책 8, 117, 132, 143
道登 34, 93, 119
道琳 3, 28
道安 26, 31

㉱

莫離支 117
明德 130, 131
文咨王 26, 27, 35
彌勒信仰 7, 44, 45
美川王 21

㉥

盤龍寺 112, 124, 125, 141
百座講會 48, 60, 61, 135
法上 14, 38, 55, 63, 64, 65, 66, 68, 69, 70, 72, 73, 77, 79, 80, 122, 137
法定 90, 102
『法華經』 106, 107, 140
法興寺 90, 128
普德 3, 9, 12, 15, 26, 85, 86, 87, 88, 110, 111, 112, 113, 118, 121, 123, 128, 129, 132, 133, 140, 143
報德國 131, 142
菩薩戒 77, 108, 137
『菩薩地持經』 77
寶臧王 110, 112, 124, 127, 141, 143
北齊 3, 14, 38, 67, 69, 72, 73, 137, 143
北周 67, 70, 122
飛鳥寺 102

㉦

四分律 69, 73, 77, 137
三論宗 3, 8, 12, 18, 32, 33, 34, 135, 144
聖德太子 3, 10, 90, 92, 93, 94, 100, 106, 139
省門寺 21, 29
細群 56, 57, 58, 59, 136
小獸林王 19, 20, 21, 134
隋 文帝 103, 104, 139

順道 21, 38, 74, 75, 76, 134, 138
僧官制 14, 53, 54, 69, 72, 83, 135, 143
僧朗 3, 8, 9, 12, 18, 28, 32, 33, 77, 135
僧隆 90, 101, 102
僧旻 92, 93
『勝鬘經』 106, 108, 140
僧統 3, 48, 50, 52, 55, 69, 71, 135
新三論思想 8
信誠 126
『新集』 105
實法師 12, 34, 68
十地經 62
『十地經論』 78, 79

㉧

阿道 21
안악 3호분 20
安原王 50, 56
安臧王 50, 56
陽原王 36, 46, 56, 57, 135
延嘉七年銘金銅如來立像 27, 41
淵蓋蘇文 8, 9, 71, 112, 117, 125, 126, 141, 143
『涅槃經』 31, 80, 86, 106, 107, 112, 118, 119, 120, 121, 124, 129, 140
涅槃宗 3, 86
永康七年銘金銅光背 43
榮留王 34, 98, 100, 115, 116, 140

嬰陽王　34, 90, 95, 97, 98, 101, 104, 105, 109, 115, 116, 138, 139, 143
靈塔寺　26, 112, 124, 125, 141
完山　128, 130, 131, 142
王高德　45, 65, 66, 67, 71, 72, 73, 77, 81, 82, 137, 138
雲聰　90, 101, 102
元曉　3, 81, 118, 129, 132
『維摩經』　106, 108, 140
育王塔　7, 17
義相　3, 129, 132
義淵　3, 9, 12, 18, 35, 38, 63, 64, 65, 66, 67, 68, 70, 71, 72, 73, 74, 75, 76, 77, 78, 79, 80, 81, 82, 83, 87, 89, 107, 108, 122, 133, 137, 143
伊佛蘭寺　21, 29
印法師　12, 34, 68
因現義佛　42

ㅈ

長壽王　25
長川1호분 벽화　7, 17
轉輪聖王　104
轉輪聖王信仰　7
淨土信仰　7
智德　35
支遁道林　20
地論宗　35, 38, 78, 79, 80, 81, 82, 83, 107, 137, 138, 143

智晃　12, 35, 68, 78, 79
眞興王　36, 52

ㅊ

麁群　56, 57, 58, 136,
七寶行事圖　7, 23

ㅌ

太陽王　98, 115

ㅍ

波若　12, 35, 68
八關會　48, 60, 61, 135
평양　25
平原王　35, 38, 65, 67, 70, 71

ㅎ

賢劫千佛像　42
玄遊　13
慧灌　34, 93, 119
惠光　69, 73
慧光　79
惠亮　3, 14, 36, 37, 45, 49, 50, 52, 53, 55, 56, 57, 58, 59, 60, 61, 62, 63, 64, 71, 72, 83, 133, 135, 136, 143

慧慈 3, 10, 12, 15, 74, 83, 84, 87, 88,
    89, 90, 91, 92, 93, 94, 95, 96, 97,
    98, 99, 100, 101, 105, 106, 107,
    108, 109, 128, 129, 133, 138, 139,
    143
慧聰 90, 128
惠便 73, 74
皇龍寺 61, 62, 63

● 지은이

정선여_鄭善如

서울여자대학교 사학과(문학사)
충남대학교 대학원 국사학과(문학석사, 문학박사)
현재 충남대학교, 한밭대학교 출강

주요논문
「新羅 中代末・下代初 北宗禪의 受容-단성단속사신행선사비문을 중심으로」(1997)
「고구려 승려 義淵의 활동과 사상」(2000)
「6세기 고구려의 불교신앙」(2001)
「7세기초 고구려 불교계의 변화와 慧慈— 嬰陽王代를 중심으로」(2003)
『高句麗佛敎史硏究』(박사학위논문, 2005)
「7세기대 고구려 불교정책의 변화와 普德」(2005)

高句麗 佛敎史 硏究

초판인쇄일 : 2007년 6월 25일 / 초판발행일 : 2007년 6월 30일 /
지은이 : 鄭善如_정선여 / 발행인 : 김선경 / 발행처 : 도서출판 서경문화사 / 인쇄 : 한성인쇄 / 제책 : 반도제책사 /
등록번호 : 제 1 - 1664호 / 주소 : 서울 종로구 동숭동 199 - 15(105호) /
전화 : 743 - 8203, 8205 / 팩스 : 743 - 8210 / 메일 : sk8203@chollian.net

ISBN 978-89-6062-014-8   93900

• 파본은 본사나 구입처에서 교환하여 드립니다.

정가   10,000원